U0930751

后浪

冷暴力

Le Harcèlement Moral

la violence perverse au quotidien

Marie-France Hirigoyen

[法]玛丽－弗朗斯 · 伊里戈扬 | 著　顾淑馨 | 译

导 言

心机深沉的遣词用字，
不必弄脏自己的手，
也能杀人辱人。
羞辱地位相当的人，
乃人生一大乐事。

——法国幽默大师皮埃尔·德普罗日（Pierre Desproges）

我到底做错了什么，该当受此惩罚?

人生有些际遇令人振奋，激励我们付出最大努力；也有些令人震撼，甚至会摧毁一切。通过精神虐待，一个人真的有可能毁掉另一个人，将之称为“精神谋杀”也不为过。相信每个人都见过某种形式的精神虐待行为，他们发生在男女、夫妻、家人之间，以及职场、社交或政治活动中。面对这种间接形式的暴力，我们的社会往往视而不见，常以包容为借口，对其罪行默不作声。

精神虐待的危害，很适合作为电影或惊悚小说的主题，如1954年法国导演亨利－乔治·克鲁佐（Henri-Georges Clouzot）所拍摄的《恶魔》（*Les Diaboliques*，1955年）一片，便引起极大反响。大众都很清楚电影与小说中的虐待属于人为操控，但一回到现实的日常生活，我们却三缄其口，不愿多谈。

法国导演艾汀·夏帝耶（Étienne Chatiliez）执导过一部电影《达尼尔阿姨》（*Tatie Danielle*，1990年），描述一个老妇人如何在精神上折磨周围的人，让观众感到饶富兴味。她先是把家中年迈的女管家恶整到“意外”死亡，观众则会想：“那是女管家自找的，谁叫她太顺从了。”接着达尼尔阿姨又把坏心眼转向接她去住的侄孙一家。侄孙和侄孙媳竭尽所能取悦她，却没想到他们越是巴结，姑婆越是虐待他们。

达尼尔阿姨使出施虐者惯用的伎俩，讲起话来指桑骂槐、含沙射影，还经常说谎欺骗，以言语羞辱他人，让人无所适从。令人讶异的是，受虐者对于这种操控浑然不觉，还努力地想要了解姑婆的行为，甚至怀疑一切都是自己的错：“我们到底做了什么，让她这样厌恶我们？”达尼尔阿姨不会乱发脾气。她的态度虽然冷漠刻薄，倒也不至于激起周围人与她对抗，只是三不五时地耍些小手段，让人困惑不安，可也别想抓到她什么把柄。她的段数很高，轻而易举就能颠倒情势，以受虐者的姿态出现，而令她的家人成为施虐者：是儿孙辈遗弃了 82 岁的老人家，把她孤零零的丢在公寓里，只能靠狗食维生。

在这部幽默的电影中，受虐者的反应并不激烈，现实生活中很可能也是如此；受虐者希望自己的善意能够软化施虐者，但事与愿违，太多善意反而变成了令人难以忍受的挑衅。最后，唯一获得达尼尔阿姨青睐的是新来的女管家，两个人棋逢敌手，只有女管家才制得住她。一段近乎和谐的关系由此展开。

如果说这位老人家把我们逗乐并触动了我们的某种情绪，那是因为我们觉得她吃过很多苦头，所以才会心那么坏。我们像她的亲人一样同情她，而她也像操控亲人一般把我们耍得团团转。电影中可怜的受虐者好像笨得可以，完全不值得同情。达尼尔阿姨的行为越过分，侄孙夫妇就越是对她客气，而观众和达尼尔则都觉得他俩真是叫人受不了。

但这些都无损于以下事实——达尼尔阿姨的所作所为的确属于恶意攻击。这种攻击来自于不自觉的破坏心理，指一个或几个人针对特定对象怀有或隐匿或明显的敌意；不论如何解读，其对象都是具体、真实的目标。看似无害的字眼、指涉、推论以及非语言的暗示，确实有可能让一个人惴惴不安甚至崩溃，而周围的知情者则通常不会过问。施虐者牺牲受虐者来壮大自己，并把出问题的责任推给对方，以避开自己内心或精神上的冲突。如果责任在对方，那么就是别人的问题，自己就不会觉得不对、内疚或痛苦。这是精神虐待的特征。

每个人都有可能出现这种不当的行为，但是唯有长期且不断重复发生，它才具有破坏力。任何“精神正常”的人在某些时候，例如愤怒时，都不免会有虐待行为，但同样也会表现出其他的行为模式（歇斯底里、恐惧、沉溺，等等），事后还会对自己的反常行为感到相当惊讶并质疑。施虐者却是以一贯的邪恶方式虐待别人，并固执地维持这种特定形式的关系，不容许有丝毫动摇。即使他虐人的本性一时不被察觉，也终究会在脱不了干系的情境中显现。然而，他绝无可能自我怀疑。这种人为满足自身对获得钦慕和肯定的无尽需求，一定要以贬抑他人的方式来维护自尊，继而握有权力。由于他们不在乎与他人的关系，也就不会有同理心，也不会懂得尊重别人。而尊重的意思是，重视他人身为人的价值，并知道我们可能带给别人的痛苦。

反常的虐待心理令人好奇、着迷，也让人感到恐惧。我们想象施虐者天赋异禀，总能扮演赢家的角色，因此有时不免心生羡慕。他们确实懂得自如地操控人心，在商业或政治领域中占上风。但我们也有所畏惧，因为直觉告诉我们，和他们站在同一阵线会比对抗他们更有好处。世上最令人羡慕的就是那些享乐人间、无忧无虑的人。我们不会在乎显得软弱无能的受虐者，并且在尊重他人自由的伪善氛围中，对可能导致严重后果的情况视若无睹。事实上，这种容忍使得我们不会去干涉他人的行为和意见，即使其看起来超过道德底线或者需要商榷，而且我们也在不明所以地纵容着掌权者罗织谎言的行为。为达到目的可以不择手段，但什么才是我们可接受的底线？会不会因失去原则和界线而冒助纣为虐的风险？对此，我们漠不关心。真正的容忍是以明确的界线为先决条件的，同时也需要检视及衡量其价值观。精神虐待却是在另一个人的精神领域设下陷阱，并因当前社会、文化环境的姑息而得寸进尺。今天这个时代拒绝建立绝对的行为规范，一旦判定某种操控的行为属于虐待，就会设定限制，可是社会认为判定虐待就等同于“审查”。我们已经放弃了道德与宗教约束，而在过去，这些约束构成的礼仪准则让我们可以说：“不得如此！”如今，我们只在隐情曝光、经媒体渲染扩大后才会义愤填膺。公共权力不再遵循一定的行为框架进行规范或处置，而是推卸责任，要原该由它们去引导或支援的人自负责任。

甚至连精神科医生都对使用“虐待”一词有所迟疑，即便用了，也只会表达他无力介入，或者对施虐者的手法感兴趣。精神虐待的定义本身便受到某些人的质疑，他们宁可使用泛指一切的“精神病态”（psychopathy），把所有他们治不了的病都归入其内。但是，精神疾病不会导致虐待，虐待源于不带感情的理性，再加上无法把他人当作人来尊重的态度。某些施虐者的罪行会受到批判与法律制裁，但大多数施虐者却利用魅力和适应力在社会上找到出路，而留下一堆受伤的灵魂和痛苦的生命。不论在医学界、法律界还是教育界，我们都曾被施虐者所愚弄，但他们却装作受虐者而蒙混过关。他们假装符合我们的预期，使我们更好骗，让他们有违常理的感受获得肯定。当他们之后为追求权力露出真面目时，我们就会感觉遭到背叛及羞辱。某些专业人士不愿揭发施虐者的原因即在于此。当精神科医生们相互告诫：“小心，此人是个恶性的虐待狂！”言下之意就是：“此案可能有危险。”又或是在说“你我的帮助无济与事”，然后放弃帮助受虐者。诊断一个人为恶性，当然是很严重的事，通常仅限于连精神科医生都难以想象的极度残酷行为，如连续杀人的罪行。不管是讨论连续杀人还是恶性虐待，重点都在于其行为的掠夺性：夺取他人性命。“恶性”一词令人震惊而不安，它相当于一种价值判断，但精神分析师拒绝做出这种判断。然而，这是坐视虐待行为不管的充分理由吗？不判定虐待行为只会造成更严重的损失，因为受虐者等于被弃之不顾，对虐待攻击将毫无招架之力。

以我在心理治疗方面的执业经验，我听过许多病人受虐却无力自卫的案例。我在后面会提到，施虐者会先使受虐者失去行动能力，以防止任何可能的反击。缺乏防卫机制让受虐者无法理解自己面对的是什么状况。为了让受虐者和潜在的受虐者不落入施虐者的精神圈套，我会在本书中分析，攻击者与其猎物间的虐待关系是如何形成的。

受虐者寻求帮助时往往不得要领。精神分析师常常会建议他们，针对所遭受的虐待攻击，评估自己该负哪些自觉或不自觉的责任。精神分析通常只考虑内在精神状态，即个人脑海里发生的事，而不会去评估外在环境的影响。因此精神分析把受虐者视为受虐待行为为的共犯，不把他的困境当一回事。又由于前面提到的，专业人士吝于指明施虐者与受虐者，所以分析师甚至可能加重受虐者的崩溃过程。在我看来，传统疗法并不足以帮助受虐者。我在本书中会推荐更合宜的方法，特别是针对精神攻击和虐待的案例。

我的目的并不是要把精神虐待者送上法庭（他们往往太懂得替自己辩护），而是要大家记得他们可能造成的伤害与危险；记住这些事实，可以帮助现在和未来的受虐者保护自己。即便这种形式的攻击被合理地视为（对抗精神异常或忧郁症的）防御机制，也不能免除精神虐待者的罪责。有些看似无害的操纵技巧，会给受虐者留下因遭人愚弄而感到痛苦或羞愤的后遗症；有些更严重的操纵会影响受虐者的核心人格，导致灾难性的后果。精神虐待者直接危害的是受虐者，间接成为周围人罔顾道德的标杆，他们会以为一切都没什么大不了，甚至相信牺牲他人、任意妄为才是常态。

身为被害人学（victimology）的研究者，我并不会在本书中讨论有关虐待本质的理论，而是坚定地站在遭到虐待的受虐者这一边。被害人学最近才成为心理学的一个分支，原本属于犯罪学。它解析受害的原因、过程、结果，以及受虐者的权利。愿意帮助受虐者的专业人士，如受过急诊训练的医生、精神科医生、心理治疗师和律师，都可以考虑去读个被害人学的学位。

经历过例如精神虐待等精神攻击的人，是千真万确的受虐者，因为其心理状态已多多少少地被永久改变了。就算受虐者对精神虐待的反应促成了与施虐者持续不断甚至表面上看似对等的关系，我们也不可忘记，受虐者是受制于自己无法负责的状况的。无形暴力的受虐者去看精神科医生时，通常是为了治疗跟自身有关的问题，如精神压抑、缺乏自信或决断力；也可能是药物治疗无效的长期抑郁，或是可能导致自杀的严重忧郁症。这类病人有时会抱怨“伴侣”或周围的人，但是他们似乎不清楚，有股可怕的隐蔽暴力正威胁着自己。这种精神混乱的状态，可能会造成连精神科医生都看不出暴力问题客观存在的情况。类似情况有一个难以言说的共同元素：即受虐者虽然知道自己很痛苦，却实在想象不出自己到底遭受过什么暴力与虐待。有时他们也很疑惑：“是不是像别人所说，是我自己想太多？”因此，即使他们敢于抱怨自身遭遇，也觉得无法说清楚，于是认定会被人误解。

我刻意选用“恶性虐待者”和“受虐者”等词语，就是因为这类案例是隐而不现却真实存在的暴力。

目 录

第二部分

精神虐待式关系与当事人

第三部分

精神虐待的后遗症与责任承担

第 一 部 分

解析日常生活中的精神虐待

第一章 私人生活中的精神虐待

不起眼的精神虐待在日常生活中随处可见，反而像是正常现象。这种过程始于不尊重他人、说谎或单纯的操控行为。我们只有在身受其害时才会发现难以忍受。当这种行为的作用对象未能加以回应，精神虐待就会进展到下一阶段：出现明显的虐待举动，对受虐者的心理健康造成严重威胁。受虐者不确定能否获得他人理解，所以只得默默承受。

这种道德迫害一向存在，若发生在家庭里，则通常不为人知；若发生在职场上，再赶上充分就业期间，大家的容忍度会降低，毕竟受虐者随时可以辞职。但如果发生在高失业率时期，那么受虐者就会因为想保住工作而身心健康受损。有人曾对此反击和对簿公堂，如今，随着这些现象广为人知，社会也已开始提出质疑。

心理治疗人员经常目睹活生生的案例，都体现了外在现实与心理现实界线的模糊不清。这些当事人所受的苦有一个共通点：每个人自认为独一无二的经验，事实上与很多其他人雷同。

而临床判定的难处在于，如何衡量当事人的每个字词、语调和说法的重要程度。种种细节分开来看似乎无妨，加起来却形成了一种毁灭的力量。受虐者在这种致命的游戏中一路受到攻击，有时自己也会采取虐待行为，因为这种防御术是任何人都可以使用的。但这么做，可能会导致受虐者被误指为施虐者的共犯。

我在执业经历中，曾看过同一施虐者在生活的各个层面，包括职场、婚姻与亲子关系中，不断复制破坏行为。我想要强调的正是这种行为的延伸性。有些人的人生道路上，充满着他所造成的伤害或是被他伤到无法复原的人。但所有这些，都不会妨碍他骗过那么多人，在表面上还完全维持着正人君子的形象。

夫妻间的精神虐待

夫妻间的精神虐待常因为被大事化小为单纯的强弱势问题而受到否定或疏忽。精神分析简化这种现象的方式是把伴侣当作共犯，甚至要伴侣为自己的受虐负责。这等于否定了这种支配关系中的掌控空间，而它足以导致受虐者无力反击、无法自卫，也否定了精神虐待中存在着暴力的事实，并会对受虐者造成深远的心理伤害。精神虐待的手法十分细腻，不着痕迹，旁观者容易将其解读为两人之间单纯的冲突或“打情骂俏”，实际上那是企图在精神上甚至肉体上毁掉另一个人，而这种暴力的企图有时的确会得逞。

下面讲述几对处于精神虐待不同阶段的夫妇的故事。每个案例的时间长短不一，原因在于精神虐待会经历数月甚至数年的酝酿。随着虐待关系的演变，受虐者要先学习记下受虐的过程，接着学习如何自我防卫以及搜集证据。

掌控欲

当发现“所爱的人”不符合自己的期待，或太过依赖彼此的关系，精神虐待的冲动便会升起。

最亲密的另一半受虐会最严重，因为太过亲密可能使施虐者感到恐惧。自恋者掌控伴侣是为了压抑对方，同时也会因为害怕伴侣太靠近自己而将其制服。为维持对伴侣的全盘掌控，一定得把对方锁在依赖或独占的关系里，这让身陷疑惑和内疚的伴侣无法反抗。

施虐者不言而喻的信息是“我不爱你”，却始终不明说，但又以间接的方式透露出来。伴侣必须安分，且不断因期待落空而遭受打击；施虐者也会防止伴侣有自己的想法，以免察觉到自己正在受虐。美国犯罪小说家、《天才雷普利》（*The Talented Mr. Ripley*）的作者帕特里夏·海史密斯（Patricia Highsmith）在接受法国媒体访问时曾这么说：“有时，最吸引我们或是我们最爱的人是很难给我们新想法的，他们如同橡胶制的绝缘体。”

自恋的施虐者令伴侣处于阴晴不定、无所适从的情境中，借以施展掌控力，让伴侣动弹不得。把伴侣圈在固定的范围内并保持安全距离，可以避免被自己害怕的关系绑住。他通过压抑和制服伴侣，迫使对方屈从于“他人的控制”，那正是他自己最恐惧且不计一切代价要回避的。在正常相处的情侣之间，即便有掌控的元素存在，也应该是能对恋情产生正强化作用的。有些案例中，一方企图压迫另一方，借以巩固自己的主宰地位。然而以自恋的施虐者为主导的情侣或夫妇，其关系可能会是致命的，因为言语攻击和暗中伤人已成为惯例，且有系统。

精神虐待的关系必须要有过于忍让的伴侣才能发展下去，精神分析师常将这种忍让解读为伴侣可从这种关系中获得某些好处，而这基本上是一种不自觉的自作自受。后面的章节会讨论到，这只是部分的解读，因为大多数案例的受虐者过去都没有自我惩罚的倾向，之后也不曾出现。这种不完整的分析是很危险的，它会加深忍让一方的罪恶感，完全无助于寻找出路、逃脱受束缚的环境。

过度忍让的源头多半出于对家庭的忠诚，也包括重蹈父母的覆辙，或是顺从地扮演配合对方自恋的牺牲型角色等。

本杰明和安妮相识于两年前。当时安妮与一位有妇之夫的婚外情令她倍感挫折。本杰明嫉妒那个男人，他爱安妮，恳求她放弃这段外遇，他想跟她结婚生子。安妮轻松地与前任男友分手，她仍然保留自己住的公寓，但基本上和本杰明同居了。

从这时开始，本杰明的行为就改变了。他显得疏离而冷漠，只有想做爱时才会表现得温柔。每次安妮要求解释，本杰明却否认他的行为有任何改变。安妮不喜欢冲突，便尽量表现得开心。当她心情烦躁时，本杰明似乎无法了解或是没有反应。

渐渐地，安妮变得沮丧抑郁。由于两人关系不见改善，安妮也依旧对本杰明的排斥感到不解，后来他终于承认的确出了些状况，因为他受不了她心情郁闷的样子。于是安妮决定去看医生，因为抑郁显然是他俩问题的症结，她开始接受心理治疗。

安妮和本杰明是同行。安妮的经验丰富得多，本杰明经常向她请教意见，却不愿接受任何批评。“没有用，我受够了。我不知道你在说什么！”有好几次他借用安妮的构想，却否认她的经验对他有益。他从未对她说过谢谢。

他把安妮注意到的失误推给秘书。安妮则装作相信他，免得惹他不快。他把工作行程和生活作息搞得很神秘，但她还是无意间从朋友的恭喜中得知本杰明得到了晋升。他满口谎言，明明说出差后会乘某班火车回来，而他随手放置的车票却写着另一班车。

在公开场合，他表现得像个陌生人。某次鸡尾酒会上，他走上前与她握手，只说了声："某某公司的某小姐，您好。"然后转头就走，留下她一个人。之后她要求解释这是怎么一回事时，他含糊地说了什么太忙之类的话。

尽管安妮自己会赚钱，本杰明却反对她花钱，也不喜欢她买衣服。他要求她像个小女孩一样，把鞋子排成一排。他当众拿她摆在浴室里的瓶瓶罐罐开玩笑："我真不懂你为什么要在脸上涂那么多东西！"

安妮自问，对一个处处评断她，干涉她的姿势、言语、花钱习惯的男人，要怎么表达爱意？他拒绝讨论两人的关系，还说："谈'关系'太老套。"他不肯跟她订婚。某一天有个小丑在街上拦住他们，要表演魔术给他们看，并对本杰明说："这是你太太，对吧？"本杰明没回答，只想继续往前走。安妮认为这代表："他不愿想这件事，所以他答不出来。我不是他的太太、未婚妻，也不是他的女朋友。这个话题是禁忌，因为太有压迫感。"每次她想谈"他俩的"问题，他都说："你真的认为现在是谈这个的好时机？"

其他话题，像是她想要小孩，也同样伤感情。当他们看到朋友带着小孩时，安妮总是尽量不表现得太热切，因为那可能会让本杰明认为她想要小孩。她的举止不冷不热，好像生孩子的事并不重要。

本杰明想要控制安妮。他希望她经济独立，但又对他百依百顺，否则他就折磨她、排斥她。

吃晚餐时，如果她开口说话，他就会摆出不以为然的表情。起初她告诉自己："我刚才说的话一定很蠢！"后来就开始日渐自我压抑。

不过从开始接受心理治疗起，她学会了不再接受他先入为主的批评，即使这样会让关系紧张。

他们之间没有讨论，当她再也受不了时，就像压垮骆驼的稻草，他们只会起争执。但此时生气的只有她一个人。本杰明会面带惊讶地说："你又在指责我。当然，在你眼里，一切都是我的错。"她试图解释："我不是说你不对，我只是想要谈谈哪里出了问题！"他假装听不懂，而且总有办法让她怀疑和怪罪自己。只要问到他俩之间究竟哪里不对，就等于在说："都是你不好。"他不想听，就立即结束讨论，或是不等她开口就先离开。

安妮表示："我宁可他说出对我有何不满。那样我们至少可以讨论。"

渐渐地，他们不再谈论政治，因为她会为自己的看法辩护，他却抱怨她不站在他那一边。他们也不再谈起安妮事业上的成就，本杰明受不了处在任何人的阴影下。她清楚意识到，为避免关系继续恶化，她得放弃自己的意见和独立人格。这种认知让她一直努力寻找能让日子过下去的方法。

有时她会反弹并扬言离去，他就含糊其辞地阻止她："我希望我们继续在一起……但我现在无法给你更多。"她实在太爱他了，只要有一点点彼此更亲近的迹象，哪怕再小，都能让她点燃期待。

安妮明白这种关系并不正常，可是在失去所有参考指标的状况下，她只觉得有义务保护本杰明，而且不论如何都要为他开脱。她也知道他不会改变，于是抱着“不能忍就只能滚”的态度。他们的性生活也好不到哪里去，因为本杰明不再有做爱的意愿。她有时会提出这个话题：

“我们不能这样继续下去。”

“可事实就是这样，不能要我做爱我就做。”

“那我们该怎么办？我又该怎么办？”

“并不是样样事情都有答案。你怎么什么都要管！”

当她上前去给他一个爱的拥抱，他却舔她的鼻子。如果她不愿意，他就指责她一点幽默感也没有。

是什么让安妮还跟他在一起？

如果本杰明是百分之百的坏蛋倒也简单，可他曾经是个温柔的情人。他之所以会像现在这样，是因为不顺心。他可以改变，因此她要改变他。她在等候时机，希望有一天那个结会解开，然后他们就能够沟通了。

她觉得自己要为本杰明的前后不一负责：他受不了看到她抑郁沮丧；她也对自己魅力不足（有一次他曾在朋友面前笑说安妮的穿着不性感）、不够好，不能让本杰明满意（他曾暗指她爱计较）而感到过意不去。

她告诉自己，跟本杰明在一起，守着不如意的关系，总比孤单一个人好。本杰明曾经对她说：“假如我们分手，我马上就能再找到对象，可是你只想一个人，就会一直单身下去。”她相信他说的话。即便她很清楚，她的人缘比本杰明好，却想象若自己孑然一身，活在悔恨之中，一定会陷入忧郁。

她也领悟到，她的父母是因为义务才没有分开，他们的婚姻并不美满。她家一直处于家暴的阴影中，只是家人从不提起，才让暴力隐而不现。

暴力

倾向以虐待作为防御机制的人，在危急时刻，若无法负起责任做出艰难的抉择，虐待的暴力便会出现。此时暴力转为间接，主要是以不尊重对方的形式表现出来。

莫妮卡和路克结婚已有30年，半年前，路克有了外遇。他向莫妮卡坦白此事，还说他无法在两个女人间做出选择。他不想离婚，又想继续婚外情。莫妮卡断然拒绝，丈夫便离她而去。

莫妮卡整个人崩溃了。她日夜哭泣，吃不下也睡不着。她出现了因焦虑而身心失调的症状：出冷汗、胃疼、心跳过速。她不是对带给她痛苦的丈夫生气，而是对抓不住丈夫的自己生气。要是莫妮卡能生丈夫的气，还比较容易自保。可是你必须认定对方很恶劣、暴戾才会生气，这么想却可能使你不想让对方回心转意。但像莫妮卡这样还处于震惊中的人会否认现实，宁愿等待，即使等待意味着受苦，也更容易些。

路克要求莫妮卡定期与他见面，以维持两人的感情；如果她不答应，他可能就会从此一刀两断。要是她疏远路克，他就会忘了她。她难过时，路克不想陪着她。他甚至在精神分析师的建议下提出要莫妮卡与他的情人见面，“好把话说开”。

他好像从未考虑到妻子所受的痛苦，而只顾表达他讨厌她了无生气的行为。他怪罪妻子，认为是她没办法与他生活，借以逃避他对两人分手的责任。

不肯为婚姻失败负责，往往是触发精神虐待的原因。对婚姻抱持理想化想法的人，会一直与配偶维持着表面正常的关系，直到有一天必须在新旧关系之间做出抉择。以往的理想主义有多伟大，精神虐待的行为就会有多强。要这种人全面承担旧关系失败的责任是不可能的。当爱意不再时，另一半就要负起责任，因为对方犯了莫须有的罪。虽然施虐者的行为举止中早已没有爱，口头上却往往不承认。

受虐者一旦发现中了配偶的计，就会陷入严重的焦虑状态，而由于欠缺沟通的对象，所以单靠一己之力也无法摆脱。在这个阶段，受虐者还会感到既羞愧又忿恨：愧于不被人爱，愧于忍受屈辱，愧于曾逆来顺受、曾如此痛苦。

有些案例中，并不是施虐者后来性情发生了转变，而是原本隐藏的精神虐待本性暴露了出来。之前隐藏的恨意浮上台面，类似于被害妄想。然后，角色产生对换：施虐方变成受虐方，但真正的受虐者仍会有罪恶感。施虐者为取信于人，必须迫使伴侣做出令人谴责的恶行，以便否定对方。

安娜和保罗都是建筑师，他俩是在工作中认识的。保罗很快就决定与安娜在一起，可是他在情感上却保持距离，也不肯做出承诺。他拒绝在公开场合示爱或做出亲昵举动，还嘲笑手牵手的夫妻。

他难以表达任何私密的东西。他总是不停开玩笑，对什么事都要讥讽一番。这个策略使他可以隐藏自己，不动感情。他也确实对女性怀有敌意。他的态度是："我们不能没有女人，但是女人有损男性雄风，浅薄无知，令人难以忍受。"

安娜把保罗的冷淡解释为性格含蓄，他的拘谨代表刚强，说话带刺则表示有学问。她相信自己的爱和对两人关系的保证可以软化保罗。

他们彼此有个默契，即不会公开表现得很亲密。安娜不但接受，还替这个潜规则找理由，使它具备正当性。由于她比保罗更期待亲密的关系，所以采取必要行动来加以维系就成了她的责任。保罗解释他个性僵硬是困苦的童年造成的，然而他提供的信息矛盾又不完整，令人存疑："小时候没人照顾我。要不是奶奶在我身边……我爸爸很可能不是我的亲生父亲。"

从一开始他就以受虐者自居，好让安娜同情他，并让她比起一贯作风来更加宠溺他、关爱他。安娜出于爱助人疗伤的本能，很快就被这个受伤的"小男孩"所引诱。

保罗是那种"无所不知"的人，对什么议题都有极端的看法，包括政治、未来、谁聪明谁愚蠢、该怎么行动或者不行动。他多半是以简单的点头或只讲一半话来表达他无穷的智慧。他会很有技巧地反映出安娜的缺乏安全感。

安娜缺乏自信，总对自己感到心虚。她从不去评断别人，反而会替别人的行为找出情有可原的理由。她总是设法细腻地表达自己的想法，保罗说这种习惯是“自找麻烦”。安娜为顺应保罗的期待，或她自以为的保罗的期待，而在他面前表现得柔软圆融。她试着不要太坚持，并努力改变自己的习惯。

他俩的关系是建立在“他知道，她怀疑”的模式上的。安娜觉得有别人的笃定可依靠，自己轻松不少。保罗则感觉到她的顺从和愿意接受他的主张。

从两人刚在一起时，保罗就一直对安娜极为挑剔。他用令人不安的小动作攻击安娜，尤其是在众人面前，让她难以还击。她事后要拿出来谈时，他只冷冷地说，是她心里有鬼，小题大作。保罗会从相当平常但亲密的事入手，偶尔会寻求在场者的认同，他会夸张地说：“你不觉得安娜听的音乐都是老掉牙的吗？”“我打赌你一定想不到，她都买很贵的乳霜，想把她那等于没有的胸部弄得更为紧实。”“阿猫阿狗都懂的事她却搞不清楚。”

当他俩与朋友一起出远门度周末时，保罗会指着安娜的旅行袋，说：“她觉得，反正有我当苦力，干脆把澡盆也搬去不是更好？”安娜抗议说：“你担心什么？我自己提行李！”保罗就会说：“没错，可是等你累了，我还是得接手，否则就有失绅士风度。你没有必要带两套衣服来换，还有三大支口红。”

然后他会开始批评女人都口是心非，最后搞得男人不出手帮忙都不行。

这些言论的重点在于让安娜难堪。她感受到了敌意，但因为那语气是半埋怨半开玩笑，她不太确定自己的直觉对不对。朋友们也不见得能听出其中的敌意，如果安娜反击，不免显得缺乏幽默感。

每当有人称赞安娜，好像她占了上风，保罗的批评就会变本加厉。于是她明白，由于她天生易于与人相处，事业更成功，也更会赚钱，使保罗有很多心结。他每次批评安娜后都会加一句：“这不是责备，这是陈述事实。”

当保罗决定投入一个年轻助理的怀抱时，精神虐待就变为显性。他不想让安娜好过的用心更是表露无遗。

首个征兆就是他心情永远不好，保罗将其归咎于工作和财务不顺。大多数晚上他都比安娜早回家，然后就拿杯酒往电视机前一坐。等安娜进门，他并不理会她的问候，只是头也不回地问：“今天晚上吃什么？”(把自身的坏心情转嫁给别人的典型手法。)

他从不直接指责她，而是不经意地用受伤的语气丢出看似无恶意的话语，事后却令安娜耿耿于怀。她如果问他是什么意思，他便避重就轻，否认有任何恶意。

保罗开始称她为“老太婆”。如果她抗议，他就把绰号改为“肥老太婆”，还说：“你不用介意，你又不胖！”

她想要解释自己有多难受时，却仿佛面对一堵空白的墙壁。他面无表情，当她坚持说下去时，他就更冷酷。最后必定是她忍不住发脾气，然后保罗就可以指责她是暴躁的泼妇。她从未站在够远的距离外去看两人的相处，所以无法理解或消解这种冷暴力。

不同于大多数婚姻闹剧，一旦闹僵就难以和好，他俩从未真正大吵大闹。保罗不曾大声吼叫，只是表现出冰冷的敌意，事后若再提起，他一律不承认。安娜无法跟他对话，倍感挫折之余只能失控大叫。他便嘲讽她，说：“息怒息怒，可怜的宝贝！”

这令她觉得格外荒谬。

从脸部表情就可以看出他俩关系的本质：保罗面带恨意，安娜面露怨怼和恐惧。

唯一具体的事实是，保罗拒绝做爱。每当安娜想要讨论此事，时机总是不对。晚上他太累，早上赶时间，白天又有很多事要忙。她决定把他约到一家餐厅。到了之后，她就开始吐苦水。保罗马上以冰冷的怒气打断她："我希望你别在餐厅里让大家看笑话，尤其是为了这种话题。你真是一点也不知节制！"

于是安娜哭了，保罗也极为激动。他骂她："你没有一天心情好，没有一天不发脾气。"

然后保罗换个方式为自己辩护："我怎么可能跟你做爱？你那么可怕，像是会把男人力量吸去的巫婆！"

过了一段时间，他更是过分到窃取安娜用来记账的本子。安娜找不到，就问保罗有没有看到。她很确定她把账本放在哪个房间，而那个房间没有其他人进过。保罗说他没有看到，还加上一句：她应该把东西放好。他的表情充满恨意，吓坏了她。安娜明知是他偷的，可是太害怕追究下去会引发保罗暴力相向。

最糟糕的是她不懂保罗为何这么做。她苦思理由：他明知这会给她制造很大麻烦，难道想直接伤害她吗？他是出于嫉妒吗？是需要确认她工作得比他更努力？还是想从账本里找到错误，在某个时机用来对付她？

毫无疑问，她看出此举是出于恶意。可是这种想法令人不寒而栗，她连忙抛开，拒绝相信。现在每当她与保罗憎恨的眼光相对，她的恐惧就会变为实质的焦虑。

走到这一步，安娜已十分清楚，保罗想彻底摧毁她。

他并未学犯罪小说的情节，把少量的砒霜掺进她的咖啡里，而是想要从精神上击垮她。

他不把安娜当人看待，好让自己与她的痛苦保持距离。他冷酷地看着她，不带一丝感情。由此看来，安娜的眼泪的确显得可笑。不过安娜最刻骨铭心的感受是，对保罗而言，她这个人都不存在。她的眼泪和痛苦，保罗都不闻不问，更正确的说法是，仿佛一切都不曾发生。他们之间的沟通完全断绝，安娜为此怒不可遏，却无从发泄，转为焦虑。

于是她试图告诉他，与其这样每天受折磨，不如分开比较好。然而在关系紧张时，她说什么保罗都不会听，所以不可能提出这个话题。偶尔日子还在可容忍的范围内，她却连大气也不敢出，以免制造更多紧张。

安娜设法写信给保罗，说明她有多痛苦，以及她只想为两人的情况寻找解决之道。她把第一封信放在保罗的桌上，等着看他会有什么反应，可他却提也不提。她鼓起勇气探询他的看法，他冷冷地答道："我对这件事没什么好说的。"安娜自忖，一定是她没说清楚。于是，她又写了一封更长的信，第二天却在垃圾桶里看到了那封信。她气得要求解释，保罗却说他没有必要理会她过分的要求，一句话就打发了她。

安娜无论怎么做都不得要领，也不知是不是自己的表达方式不对。此后，她把给保罗的信都复印存档了。

保罗依旧不为安娜的痛苦所动，因为他根本视而不见。安娜觉得忍无可忍，痛苦至极，举措更是乱了方寸。他把她的失误看作性格上的缺陷，应当予以纠正，因此他的暴力是合理的。她对他来说已经太危险，所以必须把她“毁掉”。

保罗对这样相互施暴的反应是逃避，安娜则可想而知地希望沟通。

现在她决定与保罗分居。

保罗说：“如果我理解得没错，你是打算一毛不花就把我赶出去！”

“我没有要赶你走。我只是再也受不了这样的日子了。你不是没有钱，你像我一样在工作，我们讲好离婚条件后，你可以拿走一半。”

“那我要到哪里去？你实在是太恶毒了。都是你，害得我必须住进贫民窟。”

安娜把保罗的激烈反应怪在自己身上：因为他被迫与子女分开，他很痛苦，所以不能怪他。

两人分开后，保罗与子女共处的第一个周末结束时，安娜在街上巧遇正一起走回家的他们。孩子们告诉她，跟父亲的助理希拉度过了愉快的一天。在那一刻，她看到保罗脸上掠过一抹不自然的胜利微笑，一时之间她还不明所以。

回家后，孩子们迫不及待地告诉她，爸爸陷入爱河有多深。他整天都在亲希拉的嘴，摸她的胸部和臀部。他没有勇气直接告诉安娜他有女友，就通过子女间接传达信息。他知道他与希拉亲密会令安娜嫉妒，可是他住得很远，对安娜理所当然的愤恨根本听不到，也不用担心。他拿孩子当挡箭牌，让他们去承受母亲的怨恨与难过，他既不尊重做母亲的，也不尊重儿女。

安娜对此有心无力。她越挣扎，陷得越深。她怕动辄得咎，什么都不能说，也不能做，只能在愁苦和盛怒之间摆荡。她无力再反抗，只能任凭自己被强烈的痛楚所淹没、吞噬。

保罗告诉家人和朋友，是安娜把他赶出家门的，这使他的经济变得非常拮据。安娜不甘心被他污蔑为坏人，便试图为自己辩解，但她用的方法是他们未分手前即已行不通的：写信给保罗解释她的感受。她太害怕直接指责保罗，于是就拿他的情妇希拉当箭靶，说是希拉勾引好骗的已婚男人。

她这么做恰好落入保罗的陷阱。他不想沾染愤怒与憎恶，他于是躲起来，让两个女人直接对垒。安娜依然懦弱，还想维护保罗，不愿直接与他冲撞。

只有一次，她大胆地直接攻击了他。她闯进他的公寓，强行进入，把这一阵子所有憋在心里的话一股脑说出来。那是他们唯一一次真正的“热战”，也是她唯一一次真正与保罗对抗。保罗回她：“你疯了，没人会理疯子。”当他强行把她推出门外，她打了他一巴掌，然后哭着离去。保罗当然立刻利用此事来打击安娜。她收到来自保罗律师的传票。保罗更到处散播谣言：安娜疯了，还动手打人。他的母亲责备安娜：“安娜，拜托你冷静一点，你不能这样闹！”

安娜和保罗的律师谈离婚条件。安娜挑了一位以不引起冲突著称的律师，她最在意的是别惹恼保罗，免得协商旷日费时。安娜想要好聚好散，不多争辩，这反而使她显得理直气壮，更具有威胁性。

尽管他们两人同意对共同财产做一次清查，安娜却在某次假期前无意中发现，保罗已把乡下的别墅搬空，只留下孩子睡的床和安娜娘家的一些家具。安娜隐忍不发作，心想等财务方面解决了，保罗应该就不会再攻击她，可惜事与愿违。

她听说保罗在背后讲了一堆质疑她诚信的话。起初她努力为自己辩解，解释一切都交由律师处理，后来她突然觉悟，再多说也无益，因为她一定有错。有一天一个孩子对她说："爸爸见人就说，你拿走了他的一切。也许他说的是真的，我们怎么知道你没骗人？"

在以上的案例中，我们看到保罗不肯为关系破裂负责。他设下圈套，迫使安娜采取主动把他赶出去，因此两人离婚的责任在她。整件事都是她不对，她成了使保罗不必感到心虚的替罪羊。安娜要是对他的背叛反应激烈，就会被指为有暴力倾向。一旦她精神崩溃，又被说成疯了，从而患上了忧郁症。反正她怎样做都不对，由于她对此忍气吞声，所以就可以用或明或暗的造谣来中伤她诋毁她。

我们必须帮助安娜学着接受一个事实：无论她怎么委曲求全，保罗都会恨她还要让她看清楚，她做什么都改变不了两人的关系，一切已无力挽回。然后，她要建立有抵抗力的自我形象，让保罗的虐待攻击损伤不了她的人格。只要她不再畏惧施虐者，不随着他起舞，她就能够脱身，并阻绝他的攻击力。

对保罗而言，好像为了爱一个人，就必须去恨另一个人。我们每个人都带有自我毁灭的因子，而摆脱它的方法之一便是把死亡驱力向外投射到他人身上。这就是为什么某些人会刻意区分"好人"与"坏人"，坏人就死不足惜。

虐待者需要把旧爱变成替罪羊，然后将所有坏事都投射到对方身上，如此才能理想化新欢并建立起另一段爱情关系。任何挡住去路的障碍都必须消灭。要让爱存在，就一定要同时有恨。新关系的发展是以仇恨旧伴侣为基础的。

这种过程常见于分手时，但是多半情况下恨意会逐渐消逝，新欢的理想化色彩也会减弱。只是保罗对婚姻和家庭的理想期待很深，为了保护新家庭，他的手段变得更为强烈。无论希拉是否明白内情，她都会感觉到这份恨意保护了她与保罗的关系，因而没有采取任何行动去断绝它。在某种程度上，她甚至鼓动这种保护机制。

安娜本性天真，相信爱情会使人慷慨、快乐、变得“更好”。她不知道保罗爱的是别人。她以为保罗排拒她是因为她“不够好”，达不到他的期待，但其实是因为施虐者眼中的爱一定要被分割，一定要围绕着恨。

分手后的精神虐待

虐待手法在离婚或分手时很常见，最初并不被视为病态，但因其持续重复且单向，最终都会带来毁灭性的后果。

在分手的过程中，原本隐藏的虐待冲动浮出水面，释放为狡诈的暴力，当自恋的施虐者感觉猎物正在逃走时，暴力就会登场。

精神暴力不但在分手过程中不会中断，还会经由双方遗留的联系，包括子女，延续下去。法国精神病学家勒梅尔（J. G. Lemaire）指出：“分手或离婚后的报复行为可以这样理解：有人为了不恨自己，必须从曾经属于他的某人身上，为其所有的恨意寻找出口。”

这种现象在美国称为“纠缠”（stalking）或“骚扰”（harassment）。

当旧情人或配偶不愿放走猎物，而以阴魂不散的方式侵犯前伴侣的人格与灵魂，便构成纠缠或骚扰：例如在公司门外等着对方下班、每天不断打电话、直接或间接的恐吓威胁。

许多国家认真看待纠缠行为，并颁布保护受虐者的法令，因为已有研究证明，如果受虐者反抗，纠缠或骚扰很容易演变为肢体暴力。

不论先提出分手的是谁，与自恋的施虐者离婚必定离不开暴力和缠讼。虽然法律程序仍继续使用“夫妇”一词，但基本上那已不复存在，而施虐者仍企图通过这条途径维系与对方的联系。控制欲越强，憎恶与怒火越大。受虐者的自我防卫技巧多半不佳，往往只有挨打的份，尤其当他们认为是自己主动提出分手的，实情也经常是如此。出于罪恶感，受虐者会表现得宽宏大度，希望逃离施虐者的魔掌。

受虐者很少懂得利用法律自救，施虐者却靠直觉就能部署必要的操控计划。在离婚诉讼中，伴侣的虐待行为可以证明责任在对方，但是讥讽影射会留下罪证吗？原告必须以事实证明所控诉的罪名，但精神虐待的言行要如何举证？

施虐者迫使配偶采取法律行动，却又以证据不足为由让形势对自己有利，这种案例非常多。法官担心自己被操控，也不清楚两方谁是谁非，就只能打安全牌，不持特定立场。

精神虐待行为的目的是要造成对方不安，使其怀疑自己与他人。只要能达到这个目的，施虐者就会不惜使出各种手段，包括说谎、无中生有、冷嘲热讽等。为了不受威吓，伴侣不可屈服于自我怀疑，或是对自己的决定失去信心，对虐待者的攻击也要完全无动于衷。在与有精神虐待行为的前配偶接触时，务必要随时随地保持警觉。

伊莲和皮耶结婚十年，育有三名子女。后来伊莲抱怨丈夫施暴，要求离婚。皮耶当着法官的面，预告他将来会怎么做：“从此以后，我人生唯一的目标就是让伊莲活得痛苦。”

此后他完全拒绝直接与她沟通，只通过挂号信或律师彼此往来。如果他打电话给孩子，正好是她接听，他就只有一句：“叫孩子来听电话！”如果在街上碰巧相遇，他不但不理会她的招呼，更当作没看见，仿佛她是隐形人。他只是不看她，不必通过言语，就能让她觉得自己不存在，自己毫无价值。

他们也跟不欢而散的离婚夫妇相似，每当要协商子女的事——假期、健康和教育等，暗箭伤人的手段就会出现。皮耶的每一封信都看似不痛不痒，却是令人难安的精神虐待小动作。

有一次伊莲去信，提到学校的午餐新方案，皮耶在回信中说：“因为你一向不诚实，我得和律师商量一下这件事。”如果她寄挂号信（否则他根本不回），他就说：“只有疯子或骗子才会每隔 8 天就寄一封挂号信。”

有封信是问他，5 月份的周末要如何分配，他答道：“那个月的第一个周末是 7 号和 8 号。根据过去的经验，我的律师建议我正式告知你，倘若你不尊重已经确认过的日期安排，我将提出诉讼。”

这些信件每次都让伊莲心生疑问：“我到底哪里做得不对？”就算她认为自己没有做错什么，也会想，或许有哪里疏忽了，引起了皮耶的误解。起先她为自己辩解，后来却发现，越辩解越显得她有错。

伊莲对所有这些间接攻击的反应很激烈，但是皮耶却置身事外，所以看见她像疯子一样大哭大叫的只是孩子。

伊莲不想落人口实，但是在皮耶眼里，不管什么事都是她的错。她成了替罪羊，要为离婚和所有的后果负起全部责任。她的种种辩解既可悲又无用。

皮耶的攻击拐弯抹角，使伊莲如坠雾中，想要自卫也无从下手，辩解更是不可能的任务。总之她有罪在身，罪名无须明讲，他俩应该都很清楚。她要是和家人或朋友谈起这些恶毒的话，他们总是不以为意地说："他会冷静下来的，这没什么大不了。"

皮耶拒绝直接沟通。当伊莲写信提醒他关于孩子的某件要事，他总是置之不理。如果打电话，他不是说"我不想跟你谈"，就是直接挂断，要不然就是冷言冷语地伤害她。反之，如果她不通知皮耶便做出决定，他就会马上通过律师或信函让她知道他不同意，然后向孩子施压，让她决定的事失败。皮耶用这种方式使伊莲无法为孩子做任何决定。他光是把她打压成坏妻子仍不满足，还要证明她是个坏母亲。他不在乎他这么做也会影响到子女。

伊莲面对任何关于子女的重要决定时都很头痛，既要征询皮耶的意见，又不想引起纷争。等她终于寄出一封字斟句酌的信，他却不回。她径自采取行动，随后就会收到挂号信："你未事先通知或征询我的意见便做出决定。我要提醒你，对于三个子女我与你共享监护权，因此你不得未征求我的意见便做决定。"他也对孩子说同样的话，搞得孩子们不知道谁该替他们做决定。

他们离婚数年后，有一次，她必须替一个孩子决定一件重要的事。她写信过去，但是照例没有回复。她打电话，便立刻明白一切照旧。

她问："你看过我的信了吗？你同不同意？"

"像你这种母亲，谁说得过？讲再多也是白费唇舌，一切只能照你的意思做。你想怎样就怎样，孩子们也是有其母必有其子。总之你问题很大。你是小偷和骗子，成天害人。你只对这种事感兴趣，也只会做这种事。"

"我不想跟你吵架。我只是冷静地问你，我们可不可以一起商量孩子的事。"

"你还没这么做是因为你没有机会，可是也快了。你积习难改，永远是那个德性。你是笨蛋，没错，笨蛋。事情就是这样，我没什么好说的。"

"现在是你在侮辱我！"

"我不过是实话实说，你蛮不讲理，一点也不知改进。要我接受你的决定，门都没有。我完全反对。再说，我也反对你教育和照顾小孩的方式，给他们选的衣服。"

"不管你对我有何想法，眼前的事关系到孩子。你有什么建议？"

"我不会给你任何建议。你永远是那副样子，什么都不会改变。我认为与人交谈很重要，但不是跟你，因为你不可理喻，连自己在说什么都搞不清楚。你什么话都说得出口。"

"可是孩子的事必须做个决定。"

"好，既然要跟同层次的人说话，那你怎么不去找上帝商量？我手上没有他的号码，也没有打电话的习惯。我没有别的话可说了。我会考虑一下，也许会回复你。总之不会是你想要的答案，反正你总是我行我素，所以回答也是多此一举。你不会得逞的。”

“任何事还没做就被你否决，你真叫人无路可走。”

“对，因为事情到你手上就完蛋。我不想跟你讨论这个。对你，还有你说的话，我没兴趣。再见，夫人！”

伊莲注意到他们的对话已偏离正题，便把对话录下来。她不敢相信自己耳朵所听到的，不久便去接受心理治疗。她觉得受到了严重的暴力相向，但不确定这种感觉是因为她有问题，还是因为分开5年后，皮耶仍然一心想要彻底击垮她。

伊莲录下对话的举动是正确的，那让她可以认清客观事实。她与大多数受虐者一样，不相信有人会无缘无故地恨她到这种地步。可是从以上对话看得出，皮耶为阻挠两人的沟通，任何手段都使得出来，挖苦、辱骂，无所不用其极。他想表示伊莲是个无足轻重的人，并且要为尚未产生的任何失败负责。他阻挠改变，即使那会影响子女也在所不惜，因为改变无疑会动摇他的地位。我们也看到了嫉妒。皮耶孩子气地嫉妒伊莲，她象征强势的母亲（孩子们都照她的意志行事）。那强势来自她神一样的地位：当他拿上帝做比喻时，语气是狂乱的。

听完皮耶以冰冷愤恨的语气放尽狠话之后，我明白他的恨永远不会停止，因此我建议伊莲要谨慎。这种恨意一发不可收拾，讲理和辩解都是徒然。由于体面的形象对自恋的施虐者很重要，所以唯有诉诸法律，才能约束其暴力。其实伊莲手上的录音带在法庭上并无法律效力，因为未经同意录下私人谈话是违法的，这令人感到遗憾，因为精神虐待的暴力确实会通过电话交谈发生。在没有他人在场的情况下，施虐者可以运用他最爱的武器——言语，伤人于无形。

施虐者的终极武器就是拒绝直接沟通。受虐的伴侣反而让对方予取予求，被迫提供他要的信息和答案，由于没有任何防护措施，当然容易犯下错误，让施虐者一逮到机会，就任意将受虐者贬抑为失败、没有用的人。

在信件中使用强烈的暗示和指涉，是一种不着痕迹就能扰乱对方的高招。外人（如精神科医生或法官）看了，也只能从这一项证据推断，那不过是曾有夫妻关系的男女之间常见的恶语相向，仍属于正常的意见交流。然而本案例中并无双向交流，只有片面的攻击，而且受虐者无从反击，也无法保护自己。

这种精神虐待式的攻击会破坏家庭的平衡。子女与其他目击者难以想象，如此严重的敌意会没有来由，因此想当然认为受虐方必有部分责任。以伊莲的例子来说，尽管她与子女的关系非常融洽，但是皮耶的每封信都会引起紧张和敌意。孩子们对她说："每次你接到爸爸的信，心情就很坏，我们已经受够了！"皮耶一封信可能引爆的状况，就像遥控炸弹，让大家坐立不安。伊莲就连看信也要特别留意时机是否恰当。然而施暴者可以声称这都与他无关，把问题推得一干二净。一切都是不理性的前妻之过：她既无法控制自己，也不懂得如何养育子女。

这是伊莲和皮耶的现状。由于男方是不折不扣、刚愎自用的施虐者，绝不肯放过他的受虐者，所以不能接受事情有解决的一天。施虐者深信自己是对的，不会良心不安或自责。成为攻击目标的受虐者则始终要保持无可挑剔，不能被抓到任何把柄，否则就会遭到下一波的虐待攻击。

过了很久伊莲才明白，她所经历的并不是针锋相对的分手过程导致的一连串误会，症结在于皮耶的病态行为，那让她也变得行为反常。由于无从沟通，他们与子女都卷入两败俱伤的漩涡中，需要外力介入才能结束这个过程。

伊莲曾不断自问："我要为他的态度负什么责任？是因为我的行为，还是因为我这个人？"如今她知道了，皮耶只是重演他童年的遭遇以及在原生家庭经历的模式，而在伊莲自己的童年中，她也总是必须扮演疗伤者的角色，想要摆脱也很困难。当初她就是被皮耶"需要帮助的不快乐男孩"那一面所吸引，原本令她着迷的部分如今却让她吃尽了苦头。

家庭中的精神虐待

出现在家庭里的精神虐待会产生无法打破的相互联系，一代接一代传下去。在这里我们遇到了病态的精神虐待，它往往让周围人不易察觉，并会带来日益严重的伤害。

有时候，这种虐待躲在"教育的幌子"下。瑞士心理学家爱丽丝·米勒（Alice Miller）谴责传统教育造成的伤害——其宗旨是破坏儿童的意志，以便将他们塑造为驯服、听话的人。儿童面对"成人压倒性的力量和权威，没有开口的余地，甚至被剥夺了知觉"，他们是无力抵抗的。

《国际儿童权利公约》（*International Convention on Rights of*

Child）认为，下列对待儿童的方式有损其心理健康：

- 言语暴力
- 虐待与贬损的行为方式
- 拒绝给予爱与亲情
- 不符合年龄的过度或不相称的要求
- 相互矛盾或不可能做到的管教指示

家庭暴力绝对不会无害，施虐者会对其想要毁掉的孩子直接施暴，或通过间接的方式，让孩子受到不良后果的影响。

间接暴力

施暴者以间接精神暴力的方式想要摧毁的对象大多是配偶，最后却祸延子女。子女因为在现场，又不愿与被害的父母断绝关系，于是也成了受虐者。孩子被当作“那个人”的孩子而受到攻击。在这场与孩子无关的冲突中，他被召来当目击证人，连带承受所有加诸受虐者的恶意。而受虐者无法对施暴者正面抗议，就会把所有压抑的怒气发泄在子女身上。当父亲或母亲无止境地羞辱另一人，子女别无选择，只能自我隔离。他们不可能建立完整的自我，或是培养出独立思考的能力。假使他们无法靠自己找到解决之道，内心就会带着部分伤痛，而这伤痛日后还会重现。

恨意与毁灭的冲动会转移目标。施暴者因控制不了自己的病态行为，便把恨意从他厌恶的配偶转移到子女身上，使孩子成为他施虐的对象。

娜迪亚的父母在离婚前，习惯以一种不动声色的暴力，挑起子女间的对立。家丑在这个家并不是秘密，却总是以阴狠的方式呈现。母亲比谁都清楚，怎样使用恶毒的字眼和迂回的谩骂，她的指桑骂槐在孩子的记忆中留下了有毒的因子。

娜迪亚的母亲自丈夫离开后，便独自带着最小的女儿丽雅一同生活，她怀疑其他子女是前夫的共犯。虽然丽雅仍然属于她，但是她怀疑有一个以丽雅为中心的巨大阴谋正在她的周围酝酿。当娜迪亚送生日礼物给丽雅时，母亲的回复是："你妹妹和我谢谢你。"她把自己的怨恨与疑心传达给丽雅，并阻止丽雅与其他家人接触，这导致丽雅对于其他兄弟姐妹仍然可以见到爸爸感到愤愤不平。

娜迪亚的母亲不断抱怨自己的子女。她会赞美、恭维一个人，然后立刻收回自己刚刚说过的话。她总是在布网、设陷阱，好让大家知道，她才是胜利者。她构筑起一个引发罪恶感的体系，尽管每个孩子个性不同，却或多或少都能在他们身上发挥作用。

娜迪亚送母亲丝巾当圣诞礼物时，她会说："谢谢你的丝巾，它的长度跟我拥有的其他条都不一样，刚好可以补齐！"或者："你是我的孩子当中，今天第一个送我礼物的。"她的女婿自杀时，她的反应是："反正他很懦弱，走了还比较好。"

娜迪亚每次见到母亲或是听母亲说话，都感觉像在做梦，而母亲所有的批评指责都让她无处可逃。她察觉到，她必须努力自保，才不会被扯得支离破碎。母亲每一次攻击都助长了娜迪亚的暴力倾向，她心生把母亲按在地板上的念头，好让她别再"作威作福"，认为世界上每个人都对不起她。这也让娜迪亚出现了胃痛和肠痉挛的问题。即使没跟母亲住在一起，通过信件或电话，她仍感觉到有一只很长的手臂伸过来紧抓着自己不放并想要伤害自己。

虐待式的操控会引起儿童与成人严重的身心失调，所以不论有什么理由，这种行为都令人无法接受和原谅。当父母各说各话而且立场完全相反，做子女的怎能有正确的想法？倘若这种心理疑惑不能由其他成人以常识加以化解，儿童或少年就有可能自我戕害。有太多这类例子，是当事人小时候受过亲属各种形式的虐待——比如乱伦，从而在长大后出现厌食症、暴饮暴食或其他成瘾的行为。

羞辱的言词及暗示，会形成负面制约或洗脑的情况。受此虐待的儿童不会抱怨遭到不当对待，反而拼命想要获得拒斥他的父母的认可，但终归得不到。他会因此产生负面自我形象（我是个可有可无的人），并认为是自己罪有应得。

斯蒂芬很清楚，早在罹患忧郁症前，他就觉得自己很空虚、很被动。虽然他根本不喜欢吃药，却固定服药以掩饰自己的空虚无聊。

在青春期之前，斯蒂芬爱说话、有朝气、心情愉快，也是个好学生。10岁时父母离婚，他从此失去了天生的本性。他觉得父母都不欢迎他，弟弟决定跟着母亲，他认为自己有义务跟随父亲。他成为父母离婚的人质。

斯蒂芬的父亲个性冷漠，从不满足，缺乏爱心，说话总是带刺，爱嘲讽伤人。他自己活得痛苦，也不愿周围人活得快乐。

斯蒂芬从不告诉父亲他想做什么。待在父亲身边的只是斯蒂芬的影子，当父亲离开时，他心想："我现在可以轻松了，还好没出什么差错。"

即使现在斯蒂芬已经成年，他还是很怕父亲。"假如我是他周围唯一有这种反应的人，我会觉得是我不正常，可是每个跟他接触的人都不愿与他讨论事情，因为怕跟他起争执。"斯蒂芬随时保持警觉，否则如果父亲骂他骂得太过分，他可能会失去理智。

他知道自己通常太容易向权威屈服，因为他受不了冲突；他也明白，即便到了这个年纪，如果他不对父亲让步，他们的父子关系也会破裂。而他尚未准备好去对抗父亲。

为人父母者手上握有逆来顺受的生命可供羞辱，正如他本人曾经或持续遭到羞辱那样。孩子的欢乐令人难以忍受，无论孩子做什么、说什么，都必须受到刁难，他们得偿还父亲或母亲所受的苦。

丹尼尔的母亲自己婚姻不幸，就见不得孩子快乐。她总挂在嘴边的话是："人生是一堆狗屎，每天都是苦日子。不管你愿不愿意，养儿育女就是要牺牲，无法享受完美人生。"

她的脾气从来没有好过，所有接近她的人都会被刺伤。她发明了一种家庭餐桌游戏来锻炼子女，玩法就是有计划地取笑某个孩子，而被取笑的孩子必须忍住。这游戏带来不断重复的伤害，但没有严重到值得提起。孩子们甚至不确定那些话是不是母亲故意说的，还是她只是个性耿直。

她会用一种间接而迂回的方式，很认真地讲这个或那个孩子的缺点，她也会当着一个孩子的面不断诋毁另一个，以制造两个孩子的对立或误解。

她带着关切的表情，指责丹尼尔什么都做不好，将来也不会有出息。每当丹尼尔想表达意见，她一定毫不留情地打断他。丹尼尔长大后仍然躲不掉母亲的冷言冷语，他不知道该怎么为自己辩护。他说："谁能对自己的妈妈说狠话！"他总是做一个相同的梦，梦到自己抓着母亲的肩膀，摇着她问道："你为什么对我这么坏？"

操纵子女十分容易。子女会帮所爱的人找借口，他们的忍耐没有限度；对于父母的所作所为，他们都能原谅，并把过错转嫁到自己身上。他们想要知道，也试图去了解，为什么父亲或母亲会那么痛苦。以受苦作为要挟是常见的操纵子女的手法。

赛琳告诉父亲她遭到强暴，准备告上法庭。因为她沉着镇定地提供线索，警方抓到了强暴犯，并将他送上法庭。她父亲的第一反应却是："最好别向你妈提起这件事。可怜的她，这只会让她又多一个烦恼。"

维多利亚一天到晚都在抱怨胃疼。这让她有借口整日躺在床上，而且不必与丈夫做爱。丈夫被她冷落，她给儿子的解释是："都是你这个胎儿太大，把我的肠胃给挤坏了。"

施虐者的配偶如果也受到施虐者的控制，就很有可能会在知晓

孩子的苦楚后还站在施虐者这一边，并合理化自己的做法：我爱莫能助。子女很早就能察觉父母对自己的精神虐待，可是因为无法自立，还要依赖父母，而无法说出来。当受到虐待的父母一方因拼命想自保而退缩，只留下孩子单独面对虐待和拒斥，情况就会恶化。

艾格莎的母亲习惯性地要求子女为她所有的不快乐负责，同时也不忘抹去任何蛛丝马迹，让自己毫无罪恶感。她说话的语调不温不火，好像她的攻击都是孩子想象出来的。在这种家庭氛围下，孩子什么话都不会说，就算说出来也一概不会得到承认："我可没怎么样，是你在发牢骚，胡乱编的！"

这种暴力仅会留下模糊的记忆。就算有机会说出口，也从来不是用直接的方式。艾格莎的母亲对此并不在乎，并且会巧妙回避正面对话。不过，当她要抱怨遗弃她的丈夫时，她就会说服孩子站到她这边。艾格莎被搅得混乱不安，无法确定自己真正的感受是什么。

孩子们知道，母亲床底下有个盒子，里面全是他们婴儿时的照片，但母亲说她全部丢掉了。有一天艾格莎鼓起勇气问她那个盒子的下落。提起那个盒子，是勇于质疑母亲强迫他们相信的事实的表现，是摆脱她掌控的一种方式。母亲回答："我不知道，我去看看，也许……"

艾格莎觉得自己像个孤儿。她虽然有父母，但是那两个人形同陌路。她没有令人安心的肩膀可以倚靠。她必须一再将许多事情合理化，才能保护自己免受将来的打击。

直接虐待

直接虐待表现为父母有意或无意的拒斥。父母自我合理化的理由是：这么做全是为了子女好，目的是管教小孩。然而实情则是认为子女扰乱了父母的生活，因此要把孩子的内在摧毁，父母才能得救。

尽管只有受虐者感受到精神虐待，但其伤害是真实不虚的。子女感到痛苦，但是客观上并没有什么可抱怨的，顶多是日常生活中稀松平常的态度或言语。人们会说，是孩子自己跟自己过不去。然而，他们想要压制孩子的意志是确实存在的。

受到虐待的孩子会成为问题儿童。他们会令父母失望、头痛：“那个小孩很难教；他什么都学不会，你只要一转身，他就会给你搞得乱七八糟！”

施虐的父母在意的无非是孩子不符合自己的期待。孩子之所以令人讨厌，可能因为他在有问题的父母关系里所处的特殊地位（意料之外的孩子要为不情愿的婚姻负责），也可能只是他与众不同（有某种疾病或学习障碍）。他一出现就会引发父母冲突，于是他就成了必须教训和纠正的对象。

法国心理治疗师伯纳德·伦珀特（Bernard Lempert）将这种打击无辜受虐者的拒斥描述得很好：“在某些家庭，没有爱是一种系统化的虐待，重击着孩子，使他生不如死。那不仅是缺乏爱，更是有计划的暴力，孩子不但要忍受，还会将其内化，以致把加之自身的暴力转为自我伤害的行为。”

由此形成一种荒谬的循环：父母责备子女笨手笨脚，反会使他们更不灵光，距离父母的理想越来越远。孩子不是因笨拙而被贬低，而是因被贬低而变得笨拙。拒斥他的父母总会找到理由（尿床、成绩不好），来为这股暴力倾向开脱，然而暴力的成因在于孩子的存在本身而非孩子的行为。

日常生活中，这种精神暴力常见的表达方式，就是给孩子起可笑的绰号。莎拉忘不了15年前，她年纪还小时，父母叫她“垃圾桶”，因为她胃口很好，每顿饭都吃得一干二净。后来她体重过重，不再是父母的理想女儿。父母不但不帮助她控制食欲，反倒试图加倍打击她。

有些孩子天生在某方面比父亲或母亲强得太多：太聪明、太敏感、太好奇。父母为掩饰自身的不足，便抹杀子女最大的长处。对孩子的成见隐藏着暴力的性质：“你这孩子一点用也没有。”结果孩子真的变得愚蠢、古怪、讨人厌，父母就有很好的理由不善待他。父母打着管教的幌子，浇熄了自己欠缺但孩子拥有的生命火花。他们粉碎孩子的意志和批判精神，从而使孩子无法评断父母。

不过在任何情况下，孩子感受最深的是自己达不到父母的期待，或者就只是觉得自己是多余的。他们对令父母失望、让父母颜面无光、不如父母期望的那么好这些事实倍感愧疚。孩子会满怀歉意，一心想要弥补父母的自恋情节。然而这注定会落空。

艾瑞儿虽然知道自己工作能力很强，却完全缺乏自信。她经常会眩晕和心跳过速，她认为那是重度忧郁使然。

她向来与双亲沟通不良，特别是和母亲海伦的关系很糟。艾瑞儿觉得母亲不爱她，可是她不怪母亲，只怪自己排行老大，因此站在承受母亲虐待的第一线。

她认为自己与母亲的关系很矛盾，她会从母亲那里得到不清不楚的信息，她不懂那些信息的含义，也不知道怎么保护自己。有人告诉她，她是父母起争执的原因，她便从此有了罪恶感，甚至写辩解信给父母。

艾瑞儿能感觉到母亲对她的负面制约，那就像洗脑，目的在于贬损她。母亲用扭曲的语言，字字句句隐含着曲解，使女儿不得翻身。海伦狡狯地利用第三者挑起冲突，或是以讥讽颠倒是非。凡是母亲提出的建议就是权威；只要出任何差错，母亲必定让艾瑞儿觉得是自己不好。艾瑞儿总是紧张兮兮，不断自问做得对不对，千万别让妈妈不高兴。

某日她发现一封母亲生日那天她写给母亲的信。信被钉在母亲的衣柜上，日期下划了线，空白处潦草地写着："晚了一天！"艾瑞儿只能说："我做什么都不对。"

精神虐待会对家庭造成可怕的伤害。它会在神不知鬼不觉的情况下侵蚀感情和人格。施虐者隐匿暴力的手法常常十分高明，他们甚至会被当成善良的人。这种有害身心的过程会在第三者加入时更显得扭曲，那通常是父母中的另一人，他/她也会不自觉地遭到控制。

亚瑟的妈妈尚塔尔对他寄予愿望，可是爸爸文森却不这么想。文森把婴儿推给妻子去照顾，他认为那是女人家的事。当他觉得妻子花太多时间在儿子身上，就会挖苦她："你把那小鬼当成宝贝了！"这句话看似无伤，尚塔尔也认为很正常，但是那语气听起来，让她感觉"好像做错事被逮到一样"。

又有一次，她替亚瑟换尿布时，一边唱歌给他听，一边亲吻他的小肚子。站在房门口的文森就说，很多妈妈在儿子还躺在摇篮里时，就做出有乱伦嫌疑的举动。尚塔尔虽然开玩笑地答道，他这么说并不恰当，不过此后只要文森在附近，她面对儿子时就没有那么自然了。

文森对育儿有非常严格的规定：孩子哭闹时一般不必理会；只要吃得饱，尿布也换了，要哭就随他哭。大人不需要因为有小孩而改变居家环境与摆设，孩子要学习不乱摸乱碰，警告时就用力拍他的指关节。亚瑟是个可爱又好带的婴儿，却经常受到狠心的对待。

亚瑟的脸颊圆滚滚的，所以爸爸叫他“肥小鬼”。这令尚塔尔很生气。尽管她一再恳求，他依然我行我素，即使在称赞儿子时仍用这个称呼。文森对她说：“只有你那么介意。你看，他在笑。”家人朋友都对此抗议，文森却照样用这个绰号。

后来亚瑟在练习大小便时不是很顺利，直到上幼儿园前，他都会尿在身上，晚上尿床的情况也持续很久。文森为此怒不可遏，直接打亚瑟的屁股。他在尚塔尔面前毫不掩饰怒气，尚塔尔害怕他冷酷的怒火会发泄在孩子身上，最后就变成是她打亚瑟的屁股。她当然觉得很内疚，并责怪文森太严厉。文森却冷冷地回她：“打他的可是你。有暴力倾向的是你！”尚塔尔走进儿子的房间，抱起他，安抚他，其实她也在安慰自己。

施虐的父母并不会真的动手杀死孩子，只是会不断贬损他的人格，直到孩子变得一文不值，宛如不存在。父母借此虚伪地维持良好的自我形象，孩子却丧失关于自我价值的意识。“当暴虐发生在家庭里，造成个人绝望，虐待便达到目的：让人感觉失去灵魂，仿佛行尸走肉。我们在这类案例中必会发现共通点：无痕迹、不流血、没有尸首。失去灵魂的孩子仍然活着，一切如常。”

即便父母的暴力行为很明显，仍会因为缺乏证据而无法在法庭上告发。

朱丽叶虽然是父母宣称都想要的孩子，可是从一开始就很明显，她不该来到这个世界上。她一出生，只要发生不好的事，都是她的责任。如果她不乖，是她的错；如果家中有事不顺遂，也是她的错。不管她做什么，都会被责骂。她一哭，就会遭训斥、挨耳光：“你现在知道你为什么哭了！”如果她不回应，就会被骂：“我们觉得你把爸妈的话当耳边风！”

父亲甚至嫌弃她到了如此地步：在她9岁那年，有一次全家到森林里野餐，事后“忘了”带她回家。有人发现了她并报警。父亲却不当回事地解释：“我该怎么办？这孩子完全不听话，一天到晚乱跑。”由于朱丽叶吃得好、穿得好，没有当外人面挨打，所以尽管她显然应该离开父母，但是社会福利机构并未接管这个案子。她的母亲顺从跋扈的丈夫，却也设法补偿和保护女儿。她尽力抵抗，并扬言要带女儿一起走，可是她没有任何外在资源，只能维持着与这个恐怖男人的婚姻。

朱丽叶虽然遭到虐待，却很爱爸爸。当旁人问起她家里的情形时，有时她会答：“妈妈总是在闹，她说要离开，但还是一直留下来。”

保护精神受虐儿童唯一的方法，就是带其脱离受虐的环境，否则其人格会被逐渐腐蚀，灵魂深处的核心会死去。孩提时代留下的恶因，在成年后会不断重现。

就算不是所有的受虐儿童日后一定会成为虐儿的父母，恶性循环却已形成。每个人都可能把内在的暴力施加于别人身上。爱丽丝·米勒告诉我们，受掌控的孩童或成人，久而久之会忘记自己遭到的暴力：求知的意愿必须被抹去，但是受虐症候群会重复出现在他们身上，或是发泄到别人身上。

父母并非只会向子女传递正面价值，如诚实与尊重他人；父母也可能以希望孩子足智多谋为借口，教导他们如何猜忌别人及玩弄法律，最狡猾者才能胜出。在崇尚胆大妄为的家庭，往往会出现以奸诈著称的家族“英雄”。他们不会为犯法感到羞耻，而认为犯法被抓到才可耻。

隐性乱伦

除了磨灭孩子的人格、使其丧失自我的虐待暴力，有些家庭还弥漫着不健康的氛围，容易出现暧昧的表情、性暗示及不正常的感情。这种家庭的世代界线模糊，普通感情与性混为一谈。严格说来这不算乱伦，而是精神分析师拉卡米耶(P.C. Racamier)所谓的“准乱伦”。准乱伦是一种气氛：有乱伦的暗流，但并未发生实际的乱伦行为。我会称之为“软性乱伦”。父母并没有做违法的事，却存在着表面上看不出来的邪恶行径：

- 母亲向12岁的女儿诉说丈夫在性方面有哪些缺点，并拿他的性特征与她过往的情人比较。

- 父亲要女儿固定当他的不在场证人，在他与情妇幽会时，要女儿陪着并在车里等待。

以上的态度会促成危险的共谋氛围。世代间的区隔不受尊重，使孩子不能做个孩子，被迫当起成人性活动的见证者。这样的毫无避讳常被看成时髦、“跟得上时代”的作风，而不被人在意。受害儿童无法自我保护，要是抗议，大人还会笑着说：“你太大惊小怪了！”这等于逼孩子否认自我，若孩子不想变得精神错乱，就必须退缩并接受自己原本觉得不道德的原则。矛盾的是，这种散漫的道德观可能与严格的戒律并存，比如要求女儿洁身自好等。居心不良的掌控机制让受虐者看不清真相，也就无法制止这种精神虐待。

第二章 职场上的精神虐待

伴侣选择了彼此，所以精神虐待关系有可能是夫妻或情侣关系的基础，但在职场关系上却未必如此。不过即使这两种关系的脉络不同，运作方式却有些类似，所以我们可以用“夫妇范例”来理解职场中的某些行为模式。

当对权力的嫉妒与霸行相冲撞时，公司内部发生暴力和虐待的机会便会增加。配偶间杀伤力过大的精神虐待案例不太会出现在职场上，但不幸的是，日常的虐待小动作确实存在于公司里，而且大多被视为无足轻重或遭到忽略。

在企业、大学和机关单位，骚扰或虐待的手法比私人领域内的要老套得多，其杀伤力不可小觑。但受虐者通常不易曝光，为求生存，他们往往会离开（生病或辞职）。公共领域（企业、政界、机构）中的虐待开始逐渐受到重视，而受虐者也团结起来发出谴责，让社会大众有机会知道，他们受到的对待是难以忍受的。

何谓职场上的精神虐待？

我们所谓的职场精神虐待，是指任何借由言语、表情、姿势或者文字来侵犯个人人格、尊严或身心完整的举止，以及危害此人正常工作或破坏职场氛围的行为。

虽然职场骚扰的历史与人类开始上班工作一样悠久，但是直至20世纪90年代初，它才因为所造成的心理伤害而被明确指出有碍工作环境、降低生产力和导致员工请假缺勤。研究职场骚扰的主要是英语系和北欧国家，并以“职场暴行”（mobbing）一词指称这种现象。瑞典教授海因茨·莱曼（Heinz Leymann）专研工作心理学，历经10年针对不同职业团体进行研究后，他把这种现象命名为“精神恐吓”（psychoterror）。今天，无数国家中的工会、保险公司与企业医生正着手处理这个问题。

企业和媒体多半把焦点放在性骚扰上，但那只是所有骚扰中的一种。职场上的这种心理战包含两个要素：

- 滥用权力：经常很快暴露，令被害员工无法接受。
- 精神操控：起初较不易察觉，破坏力较大。

起初，精神虐待和骚扰的恶意并不明显，但却在暗中扩大。卷入者原本不愿为此发怒，发生争吵和受欺侮时也不想声张。但攻击层出不穷，受虐者不断身陷其中；长期下来便会自觉不如人，并向恶意、卑鄙的操控屈服。

显然人不会因为精神攻击就当场倒地不起，但的确会受伤。每晚下班拖着疲累的身躯回家，并感到屈辱、身心受创，要恢复实在很难。

群体中有冲突很正常。因一时气愤或压力大而说话伤人没什么大不了，事后能够道歉更好，会造成伤害的是一再重复的挑衅和羞辱。

当虐待行为出现时，就仿佛打开一具所到之处寸草不留的机器。

那是没有人性的过程：没有灵魂，没有怜悯，所以很恐怖。受虐者的同事无论出于胆小、自私还是单纯的恐惧，往往会与其保持距离。一旦发生这种不对称的破坏性互动，若欠缺有力的外来干预，情况只会恶化。在危急时刻，既有的问题会更为严重：僵化的公司更僵化，沮丧的员工更沮丧，好攻击的人攻势更猛，等等。我们成为原本模样的加强版。危机状况确实有可能逼得你我不惜一切去寻找解决办法，可是精神虐待会麻痹受虐者，也会更突显其弱点。

恶性循环就此启动。想要找出冲突的源头将徒劳无功，人们甚至连冲突的原因也不记得了。施虐者一连串的故意行为，目的在于引发受虐者的焦虑；焦虑继而导致防备态度，防备态度又激起新的攻击。经过相当时日，双方产生病态的反应；施虐者只要看见痛恨的对象就会愤怒，受虐者看到对方也会心生畏惧：此即侵犯与防御式的制约反射动作。恐惧促使受虐者做出反常举动，正好为将来的攻击预留借口。受虐者的反应经常是混乱而激烈的，施虐者会拿他个人或他所做的任何事来攻击。其目的是使他完全失去判断力，陷入彻底的慌乱，并感到自己有严重的缺点。

上级主管对这种事不是睁一只眼闭一只眼，就是任凭其自由发展。即使是同级（同事对同事）的骚扰，管理阶层也倾向于不介入。问题发生后，大多会遭到忽视，直到受虐者公开反应，比如哭泣、歇斯底里或常常请假。因虐待而起的冲突基本上只会恶化，因为公司不愿插手，只采取“你们都是成人，有问题可以自己处理”的立场。受虐者不仅觉得身处险境，防不胜防，知情者坐视不管对受虐者来说还是双重打击。上级主管很少提出直接的解决办法，只是采取“再看看”的缓兵之计。把其中一方调至公司内的其他部门，则是常见的回应方式。如果能有人及早出面做主，理性地采取适当行动，虐待行为就会终止。

谁是施虐的目标？

不同于施虐者想要制造的假象，受虐者一开始并非特别懦弱或心理不健全。恰巧相反，骚扰往往发生在受虐者不肯盲从上司权威式的命令时。某人之所以成为目标，就在于有能力抵抗权威，即使在压力下亦然。

迫害的第一步是贬低受虐者，并让所属团体确认这一点。等贬低成为事实后，即可理直气壮地残酷对待受虐者，其他成员也会认为对方罪有应得。

受虐者往往并非敷衍塞责者，反倒常是工作狂（上瘾的确切标记），属于认真的完美主义者，很晚下班，周末加班，生病也不请假。这种人有一种病态的需求，即离不开办公室。这类受虐者不见得都会对工作上瘾，那往往是公司影响、控制员工的后遗症。

员工福利有时可能是虐待的起因。例如公司不得解聘怀孕妇女，结果自忠心耿耿的员工宣布怀孕的那一刻起，骚扰过程便开始了。雇主立即想到的是各种麻烦：产假、提早下班去接小孩、为孩子生病请假等。简言之，就是雇主担心无法再任意支使模范员工。

骚扰过程启动后，受虐者会被污名化。有人会说很难与他共事，指出他脾气坏，甚至精神有问题。他们把冲突的后果归咎于对象的性格，忘了他原来多么努力，或是他在现状下的处境。对象被逼到墙角后，多半会变成雇主期待的样子。受欺压者难以充分发挥潜力，注意力无法集中，工作效率低下，而因为工作质量下降，又免不了遭到批评。雇主就有理由以不胜任或专业性不够请对方自己走。

有些偏执狂看似受过虐待，但不可误以为他们是真正的骚扰受虐者。这种人很专横，缺乏弹性，易与同事意见不合，不能接受批评，常觉得遭到排斥。他们根本不是受虐者，反而更接近潜在的施虐者。我们可以通过其偏执的个性以及对自身过失不会感到内疚的特点来分辨这种人。

谁虐待谁？

群体行为不是各个成员个别行为的总和；群体是独特的实体，有自己的行为。弗洛伊德曾谈到，在群体里，个人特征会消失，并产生双重身份认同：个人在水平的关系中对群体，以及个人在垂直的关系中对上司。

骚扰同事

群体倾向压抑个体特色，不容许差异存在（男性团体中的女性，女性团体中的男性，同性恋，种族、宗教或社会阶级差异）。女性要在传统属于男性的行业获得尊重委实不易，周围会出现鄙夷的态度、黄色笑话、恶心作态——这些看似不太成熟的玩笑，大家也总一笑置之，包括在场的女性成员，她们往往别无选择。

凯希通过竞争激烈的考试当上了警探。即便女性仅占警力的七分之一，她仍希望可以加入保护未成年人的部门。有一次与同事起争执后，对方丢下一句话就结束了他们之间的争辩：“你只是两条腿上的一个洞。”其他人听了大笑，还追加了一些黄色笑话。她无法淡然处之，大声抗议而且非常生气。同事们为了报复就孤立她，还拿其他女探员做对比来贬损她：“别的女同事都那么能干，也不会装模作样。”在某次警方行动中，没有人通知她任何信息。她问了时间、地点、如何进行、在哪个警方辖区等，却得不到答复，大家只说：“你资历太浅，反正也不知道该怎么做，就待在这里泡咖啡吧。”

她想与上司讨论这个问题，却约不到时间。谁都不想听的事，你还要怎么谈？她要不就和整个团体对抗，要不就投降。她因为生气，就被说成难相处。那个标签变成无论她在什么位置都摆脱不掉的污点。

有一天晚上她像往常一样，在交班后把枪锁在抽屉里，第二天抽屉却是开着的。她受到了警告。凯希知道只有一个人可能打开那个抽屉，她要求见局长以洗刷冤屈。局长决定找那个可疑的同事开会，并向凯希表示，有可能采取惩戒行动。可是在会议上，他却“忘记”提起开会的理由，还有意无意地批评凯希的工作表现。后来，会议报告也不见了。

数月后她的工作搭档兼好友自杀了，没有人安慰她。她请了几天病假，就有人说她软弱。同事们提醒她：“这是个男性世界！”

许多企业无法保护个人权利，任种族和性别歧视横行。

有些案例是因为受虐者拥有别人欠缺的优势（年轻、美貌、财富、魅力）而引发虐待行为。当受虐者被大材小用而上司的教育程度不

高时，就可能出现这种状况。

45岁的塞西尔高挑漂亮，丈夫是建筑师，育有三名子女。因为丈夫的工作不稳定，所以她也找工作来贴补家用。她的出身背景使她很懂得应对进退，衣着和言谈也很得体。可是她没有漂亮的学历，只能屈就枯燥、缺乏挑战性的工作。从一开始同事们就与她有隔阂，他们对她说出各种不逊的闲话，例如："凭你的薪水怎么买得起那种衣服？"

一位新上任的女上司粗俗又善妒，更加速了这个情况的恶化。塞西尔在办公室里成为打杂的，任何有一点意思的工作全都被派给别人。她想抗议，却因讥讽的话开不了口："贵妇提出无理要求了，她不想让低下的工作降低她的身份！"塞西尔向来不是很有自信，也不确定到底是怎么回事。她原本想以接受最不讨好的工作来表现善意，后来又责怪自己，心想："一定是我不对。我一定表现得很笨。"有少数几次她气不过而发作，上司就冷冷地说她难伺候。

于是塞西尔尽量保持沉默，但是心情很沮丧。由于她的薪水实在低得可怜，丈夫也不真正关注她的问题。她去看医生诉说自身的挫折、疲倦和无力，医生只用药物"百忧解"（Prozac）就把难题打发掉。后来医生发现此药对她无效，大感惊讶，才把她转给精神科医生。

同事之间的虐待也可能出自个人过往的竞争力，这使某个员工想要牺牲别人来成就自己。

黛妮丝与前夫的情妇共事好几年，两人的关系恶劣。她因为如此难堪的状况变得十分沮丧。她请求调职未果。三年后因办公室大改组，她必须直接听命于这个女人，而对方羞辱她、轻视她的工作、取笑她的错误是家常便饭。这个女人不相信黛妮丝能用电脑软件写作与处理工作。黛妮丝不敢为自己辩护，只能生闷气，结果又犯下更多错误。她的工作岌岌可危，她再次向主管的主管要求调职。得到的答复是会处理，但结果一切照旧。

她身心俱疲，无计可施，便请病假休息。离开办公室让她的情况好转，但当又要回去上班的时间逐渐接近，她旧病复发了。有两年时间，她不是请病假，就是又陷入忧郁。主治医生想尽办法要治好她，公司管理阶层却对她的情形充耳不闻。由于她抱怨连连，又频频请病假，公司认为她是心理失常。她的问题好像无解。她原本可请假到退休，但是经过评估后，社会安全署（Social Security）的顾问医生判定，她的健康状况可以回去工作。

为避免再回到令她痛苦不已的办公室，黛妮丝考虑辞职。然而她已经45岁，基本又没有什么专长，该何去何从呢？如今，她的口中甚至会出现自杀的字眼。

在这种情形下，同事之间的冲突大多很棘手，企业处理起来显然是力不从心。有时得到上级的支持事情会比较好办，但闲言闲语会说这是偏袒或是通过性交易得到的。

许多高级主管并非高明的管理者，而管理能力不足会使问题每况愈下。企业多半把责任交付给专业背景最优，但并非最具管理专长的人。有些高级主管即使在别的领域很称职，却无法带领团队，似乎也搞不清楚同事之间存在的问题。就算知道存在某个问题，也会因为不懂得如何介入而迟迟不敢采取行动。管理能力不足也是职场精神虐待案得以发展的一个原因。同事之间发生骚扰事件，第一步应向直属上司申诉，或找更上一级的主管。然而在不友善、无法令人信任的环境里，向主管求助几乎不可能得到合理对待。漠视、胆怯加上无能，只会让大家更加怕事。

上司被下属欺负

这种情况少见得多。当外来主管的行事风格和方法不为原有的群体所认同，而新主管也未设法调适或不够强势时，就容易发生下欺上的情况。另一种例子可能是老同事升职，但并未参考同部门其他人的意见。不管是哪种情况，管理层均未充分考虑到将来与他共事的人的想法。

假使部门未明确设定目标，升职者的职责又在某个部属的责任范围内，问题就会变得更复杂。

梅丽尔原是一家大企业的总经理特助。她工作勤奋，在夜校进修好几年后，她被擢升至同集团内责任较重的岗位。

上任后，她立即发现以往共事的秘书们对她满怀敌意。她们不把信件或口信转给她，还会弄丢档案，并偷听私人对话。梅丽尔向上司求助，得到的回答却是，假如她不能赢得秘书们的尊敬，就说明没有能力加入管理层。上司还建议她调到责任比较轻的岗位。

下属受上司欺压

员工为保住工作而忍耐一切，这种情形很普遍。公司默许个人以暴虐或滥用权力的方式管理下属，原因在于这正中管理阶层的下怀，或是这种事无足轻重，然而这可能对部属造成很严重的后果。

上欺下或许是单纯的滥用权力：上司无节制地利用职位优势，同时也因为害怕控制不了下属而压迫他们。这是暴君式的滥用权力。

也有可能是上司为自抬身价而打击下属，或是必须解决当替罪羊的部属而展开虐待的过程。我们后面会看到，员工可能会在这种恶劣的打压下无法翻身。

施虐者如何让受虐者失去反抗能力？

只是担心失业，并不足以解释精神受虐者为何逆来顺受。折磨属下的主管与企图掌控一切的暴君，会有意或不自觉地使用一些手法，让受虐者受到精神上的束缚而无法做出反应。同样的虐待手法在集中营里曾经出现过，也一直是极权政权的主要手段之一。

施虐方为维持对下属的权力与控制，施行看似无恶意的计谋，若受害员工反抗，压制力道就会变得更强。主管先是剥夺员工关键的判断力，直到员工分不出谁是谁非。下属遭到压迫、虐待和监控，随时随地都处于紧张状态，更有甚者，他们接触不到可能帮助其了解状况的信息。员工被逼到墙角。他持续反抗更多的欺压行为，直到对自己的遭遇忍无可忍。无论导致虐待的原因是什么，施虐者是谁，方法始终不变。施虐者从不把症结说清楚，也不寻求解决之道，只是狡诈地腐蚀受虐者的人格。相关团体或是坐视不管，或是落井下石，成为推波助澜的帮凶。

职场的精神虐待有阶段之分，而每个阶段的共同点就是拒绝沟通。

拒绝直接沟通

上对下的冲突通过每日打击受虐者的信心，不断暗中进行着。施虐者拒绝解释其行为，而不愿解释则导致受害员工只能挨打，无法处理受到的攻击。上司不把话说清楚，就不能讨论冲突的原因，借此妨碍问题获得解决。在精神虐待的过程中，一定不能让对方思考、理解和反应。

拒绝对话是加重冲突、同时取得影响力的有效方法，等于不用言语却明白表示“我懒得理你”，甚至认定对方根本不存在。由于什么都没有说，所以什么都可能成为指控。

如果受虐者有自责的倾向，情况会更糟糕：“我是哪里做得不对吗？他为什么生我的气？”

主管即使责备，也一定是顾左右而言他，留下各种揣测和误解的空间。有时为避开确切的回答，主管说的话也许会自相矛盾：“我认为你很棒，可是你根本是个废物。”就算主管肯解释，内容也只会是不清不楚的责备。

打击信心

暗中的攻击让受虐者无从反驳，其手法是以非言语的形式间接表达，如恼怒的叹息和耸肩、蔑视的表情、欲言又止、含沙射影、恶意或令人难安的暗示。质疑属下的一言一行，便可使其专业能力在团队中逐渐变得不可信赖。

面对间接的欺压，员工很难自我保护。你怎么向第三者描述充满恨意的表情？你怎么说得清楚影射及暗示？有时受虐者会怀疑自己的感受，不确定自己是不是反应过度。他对自己没有信心。当上司运用种种伎俩打击内心容易动摇的员工，员工便会失去自信，卸除一切自我防御。

不打招呼，谈到受虐者像谈到某物品（毕竟没人会对物品说话）、当着受虐者的面对别人说："你看到了吗？他那一身穿着实在令人不敢领教！"这些都是在打击信心。其他还包括：忽略受虐者的存在，不直接称呼对方；趁对方离开位子的5分钟，把写着工作指示的便利贴放在他桌上，不直接告诉他要做什么。

假借开玩笑、逗弄和讽刺，间接批评被害员工，也是打击的伎俩。事后主管可以说："那只是玩笑话，开个玩笑不会死人吧。"当言语变成冷暴力的工具，字字句句都隐含着对受虐者的羞辱。

破坏名誉

想要破坏一个人的名誉，只需迂回地引起旁人怀疑，例如随意抛出一句："你不觉得……吗？"然后再用影射加暗示组合成冠冕堂皇的言论引发误解，使其变得对自己有利即可。

为进一步打击受害员工，主管以揶揄作为掩饰，加以嘲笑、羞辱，直至对方失去自信。主管给他取稀奇古怪的绰号，或是拿他的身体或别的缺陷大做文章。用中伤、谎言和恶意的讽刺来对付他，受虐者就会陷入明白自身处境却无力抵抗的困境中。

这些计谋出自嫉妒的同事，他们发现若想摆脱自身窘迫的情况，把过错推给别人就行了；或者也有主管认为，羞辱和不断批评可刺激下属努力工作。

当受虐者心情低落或忍不住爆发时，施虐者就能够理直气壮地说："我一点都不意外，那家伙是疯了。"

孤立

一旦主管决定要从精神上瓦解某个员工，为防止任何可能的反抗，就必须切断潜在的结盟，把此人孤立起来。单独一人想反抗会困难得多，尤其当你被骗相信人人都反对你时。

通过挑拨和偏袒种下不和谐的种子，就会引起嫉妒，使员工彼此对立。只要有心怀妒意的同事，这个扰乱人心的过程就可以轻易完成，而真正的罪魁祸首则借此把责任推得一干二净。

遭同事排斥的受虐者，在餐厅里只能独自用餐，下班后也不会受邀与大家去喝一杯。

当上司与同事一起孤立他，受虐者便渐渐得不到资讯。他被隔离，开会时不叫他，他只能从书面记录上知道公司的事。随着情况日益严重，他等于遭到了封锁。即便同事忙得不可开交，也没有工作交给他，但这并不代表他可以整天看报纸或是早退。

我想到一个案例，在法国某大企业中，上级有意把某位主管赶走。于是该主管未接到通知，便突然被分配了一间漂亮而偏僻的办公室，上级未指示任何工作目标或联络对象，电话也完全接不通。受到如此待遇一段时日后，那位主管自杀了。

孤立会迅速带来比工作量过大时更多的压力和伤害。管理层发现，这是让他们不再需要的人辞职的简单方法。

欺凌

这种行为包括要求受虐者做无用或低下的工作。拥有企业管理硕士学位的索妮亚便因此坐在密不通风的小办公室里，负责贴邮票。

也可能是设立达不到的目标，要求员工很晚下班和周末加班撰写紧急报告，而主管却看也不看便丢到一边。

有些情况则是制造意外的疏失，使对方身体受到间接伤害，例如正好砸在受虐者脚上的重物。这也是一种欺凌行为。

迫使受虐者犯错

迫使他人犯错是打击他人的有效招数，这不止是为了事后可以批评或贬低此人，也可以破坏他的自我形象。态度轻蔑或挑衅很容易使冲动的人发火，或做出引人侧目的过分行为。然后施虐者就可以说："你看，那家伙完全乱来，让大家都不能好好工作了。"

性骚扰

性骚扰是另一种形式的精神虐待。男女都可能成为骚扰对象，不过多半是女性遭男性骚扰，而且施虐者通常是职位高的男性。

问题不在于得到性"好处"，而是把女性当作性"物件"。骚扰者认为遭到他性骚扰的妇女，应该"任凭我摆布"。她应该接受他的态度，并对自己被选为目标感到受宠若惊。骚扰者料想不到他垂涎的女子居然敢不愿意。一旦目标拒绝，羞辱和攻击便纷至沓来。施虐者将自己纠缠受虐者的行为说成是对方引诱他，或者说是对方心甘情愿，这种例子也很常见。

我们听过各式各样的骚扰犯，其共通点就是大男子主义，对女性和男女平权持负面态度。已知的性骚扰类别有：

- 一般骚扰，包括因性别而对妇女差别待遇，并有性歧视的言行
- 勾引行为
- 性勒索
- 令人反感的性注意力
- 强制性的性行为
- 性攻击

自 1976 年起，美国司法体系已把性骚扰视为性别歧视，但是在法国，唯有发生与工作相关的明确勒索行为，如以解雇作为威胁，才算违法。

在美国的一项研究中，25%～30% 的大学生表示，至少遭遇过一次教授的性骚扰（性歧视言论、性暗示表情、不当的性言语或性接触）。

虐待行为是如何开始的？

恶毒的病态施虐者虽然在职场上很少见，但其吸引力以及虐人致失常的能力却令人畏惧。只要是双方都有机会的竞争，权力斗争就有其存在的合理性。然而有些斗争从一开始就不是平等的，例如有高级主管涉入其中，或者当施虐者让其受虐者完全无力反击时，不公平的虐待行为即会发生。

滥用权力

这类行为一看即知。上司以权力压制下属，暴君也常借此维护自尊。他们必须靠压制他人来弥补脆弱的自我形象；当下属担心失业，别无选择而只能就范时，他们更是得以为所欲为。以促进公司的发展为名义，他们想怎么做都可以：工作时间没得商量、紧急加班，或工作要求含糊不清。

这种有系统地向员工施压，并非是有效且有助于获利的管理作风，因为压力太大可能导致专业失误以及员工请病假。快乐的员工生产力较高，可惜暴君甚至管理阶层常常有压力可以带来利润的错觉。

理论上滥用权力不会针对特定对象，往往只是拿弱者开刀。在某些公司，上行下效的涓滴效应（trickle-down effect），可能使滥用权力从最高阶层延伸到小主管。

滥用权力现象由来已久，只不过今天大多加上了美丽的包装。高层主管大谈员工自主和主动出击，却仍然要求员工听话服从。员工随着公司的鞭策前进，不敢时刻忘记管理阶层的获利要求和失业的威胁，以及不断被提醒要负责，否则便会受罚。

伊芙在某个家族企业担任业务员已有一年。工作忙得喘不过气来，加班也没有加班费或补休。即使周末参展，周一早晨还是得8点准时上班。

她的老板是个暴君，永远不会满意，对每个员工都招之即来挥之即去。有什么事一不如意，他就马上咆哮："如果你不高兴，就另谋高就！"谁也逃不过他的淫威。这些语言暴力令伊芙气馁，她经常感到恶心，必须吃药和镇定剂。她疲累不堪，周末都用来睡觉，试图恢复体力，却常因做恶梦而睡不安稳，醒来依然很累。

经过一段工作负荷特别重的时期，她的恐慌症状越来越严重，会因为一点小事就哭出来，吃不下也睡不着。医生开出证明，让她以忧郁症为由请病假。休息两个月后，她总算可以回去上班了。但一回到办公室，面对同事冰冷的态度，她会怀疑自己是不是真的病了。她甚至找不到自己的办公桌和电脑。公司内仍是同样的恐怖气氛：无理的责备、恶言相向、不符合才能的屈辱工作，以及工作业绩不断遭到批评。

她不敢说什么，只能躲在厕所里哭。晚上她感觉被掏空了一样，早上上班时，即使还没开始工作，她已有罪恶感，因为员工人人自危并且互相监视。

伊芙说，她好像在压力工厂上班，每个同事都抱怨有身心失调的症状：头痛、背痛、起疹子、排便不畅等，可是他们像吓坏的孩子，不敢向老板反映，老板也不会关心这些。

她首次请病假半年后，被叫去参加讨论解雇她的初步会议。她是在某次展览上觉得不舒服，请假一天后接到开会通知的，这触动到了她心中的某一点。她第一次发怒了。她认为公司要她走很不公平，也有失诚信，她决定不善罢干休。尽管她感到内疚，自问："不知有多少是我咎由自取？"但她还是采取了行动。

她请教专家的意见，并由外聘律师陪同参加那次会议。官方的理由是，她经常无故请假，因此公司对她失去了信心。律师指出，她最近这次请假，是因为展览后联络不到老板。会议上老板的指证都不构成解雇她的充分理由。于是老板表示，反正不急着发出解雇函，他会再考虑考虑。

人要懂得自身权益才能有效维权。伊芙搜集了很多材料，也知道什么不能做。如果她没有带律师去，老板就会像往常一样恐吓她，再开恩似地给她“一次机会”。

伊芙等待正式的解雇函，却迟迟没有下文。她带着些许快乐的心情继续上班，但没过多久，充满压力的环境就引发了旧有的恶性循环。那次会议后，她的处境更加艰难，每天都会收到指出她小失误的传真。同事们也怪她：“你不该那么做，你把他惹毛了。”她必须处处为自己辩解，但也明智地复印了重要的往来文件。她必须不能犯任何错误，不能有任何闪失。午休时她随身携带个人文件，同事笑她神经过敏：“你像小学生一样背着书包去吃午饭。”对此，她也并不在意。有些人把档案往她桌上一丢，什么话也不说。要是她抗议，对方就会说：“有什么问题吗？”为避免被欺负，她忍气吞声。老板回避她，只书面下达指示。

一个月后他又以伊芙的态度不变为由启动解雇程序。由于这次他解雇她的唯一理由已确定是个人因素，那位律师替她争取到了一笔遣散费。老板怕她寻求仲裁，便签了字。

伊芙离职后得知，有五个同事也陆续离开了，其中有三个职位很高。只有一人是另有高就，其余四人都是自己辞职，拿不到一分钱。

施虐者的伎俩

有虐待癖好的人在团体中，会引诱较顺从的人聚集在他们身边。若某人抗拒不加入，就会遭到集体排斥，变成替罪羊。抱团的成员通过批评和说该人闲话凝聚起向心力。此刻的他们极易受到影响，虐待者怎么批评和轻视别人，他们都会追随。他们固然有各自的道德观，但由于依赖一个缺乏道德的领导者，就变得毫无判断是非的能力。

美国社会心理学家斯坦利·米尔格拉姆（Stanley Milgram）于1960～1963年对服从权威的现象进行了研究。他的研究方法是请参与者在心理实验室中做出一连串越来越违背良心的举动。其实验目的在于了解在参与者最终拒绝做出某些举动之前，他会遵从主持实验者的指示到什么地步。米尔格拉姆的结论是，“一般人在无敌意的情况下，很有可能只是为了尽忠职守，而成为残酷毁灭过程的帮凶”。法国教授克里斯多夫·德茹尔（Christophe Dejours）根据这项研究结果对常见的“邪恶的平庸”进行了讨论。有些人确实需要诉诸更高的权威才能达到本身的平衡，这种盲从正中施虐者的下怀，可以利用其来伤害他人。

欺压者的目标是不计一切手段取得或维持权力，要不就是掩饰自己的无能。为达目的，他一定要铲除碍事者或看穿他的人。从上述的滥用权力的案例中可知，光是攻击处于弱势的受虐者还不够，还必须削弱他的防御能力，让他保护不了自己。

恐惧导致受虐者服从，甚至委曲求全；这也会影响同事，他们会姑息虐待行为，不愿正视它“各人自扫门前雪”。围绕在施虐者旁边的人不敢自行其是，而成为施虐者的打手。任何人都绝不可以在公司兴风作浪，一定要有团队精神，要从众。

一位以自我为中心又残酷的老板，会对有野心、不惜一切代价追求成功的员工进行什么样的羞辱和精神折磨，电影《与鲨同游》（*Swimming with Sharks*）揭露得淋漓尽致。我们看到片中的老板辱骂员工时信口雌黄，面不改色，常下达模棱两可的指示，要员工日夜待命，还任意改变规则，好让员工永远战战兢兢。同事们早已知道："耍手段、明争暗斗不但会受到鼓励，还有奖赏！"老板一方面欺凌老员工，一方面用升迁的美景蛊惑新人。"给我做这个。别多话，认真听，小心做。不要动脑筋，个人意见不算数，你有什么想法，我完全没兴趣。你有什么感觉，不说也罢。你来公司只是为我一人工作的：要维护我的利益，回应我的需求。我不要你当什么好人，我要你帮忙。只要你好好做，多听多学，就有可能如愿以偿。"

精神施虐者在没有制度、组织混乱的公司里更有发挥的余地。他只须找到一点点缝隙，即可大大满足追求权力的欲望。

这种人的技巧如出一辙：利用对方的弱点，直到他产生自我怀疑，然后摧毁他的防御能力。受虐者在不知不觉的侵蚀与伤害下逐渐丧失信心，有时甚至思想混乱到认为施虐者是对的："我毫无能力，我应付不了，我不配做这个工作！"由此，破坏过程悄悄进行着，直至受虐者开始责怪自己。

米莉安在一家生意蒸蒸日上的小广告公司担任创意设计师。基本上她对自己设计的作品负责，不过所有工作其实是由一位直通 CEO 的副总协调与统筹的。米莉安很有责任感，在工作上投注了极大的心血与时间（包括晚上和周末的无薪加班）。可是每当她关心自己的案子最后结果如何，表现得比较急迫时，就会被提醒不得越权。那位副总不是设计师，却把米莉安交出的设计案拿去，照他自己的喜好更改，也不告知她或征询她的意见。如果米莉安要求解释，他就摆出一副笑脸，若无其事地回答："好啦，米莉安，不是什么要紧的事！"米莉安内心有一股难言的愤怒："我花了三天时间做那个案子，他几秒钟就把我的心血改得面目全非，却连解释都懒得解释。别人还以为我乐于替否定我作品的人做设计！"

但这种事她完全无法跟人讨论，什么都不能说。没有一个员工敢对那个副总提意见，大家都害怕他发脾气，唯一的办法就是尽量避免与他接触，不信任悄悄滋生。员工常自问："他到底是什么意思？"他假借幽默和嘲讽，迫使大家顺应他的期待。只要他一出现，人人立刻精神紧绷，等着"被找茬儿"。大部分员工为避免不愉快，就只能怪自己不好。

由于工作量增加，副总同意给米莉安配个助理。助理一来，他就挑拨起两个人来。当米莉安对所负责的案子提出看法时，副总听也不听，只耸耸肩便转向她的助理说："你应该会有更好的点子吧！"

他不断要求米莉安做更多事，所给的时间却越来越短。要是她拒绝交出达不到标准的设计，副总便责怪她不合作。到最后，她只好承认他批评得对。

她的抗拒造成压力，转而引起胃痛和恐慌。她觉得上班时几乎撑不下去了。

那位副总意图控制一切，不肯分享权力。嫉妒让他想把米莉安的设计据为己有。这种管理作风如果被一再放任，就会产生独掌大权的主管。有些员工为适应主管，就把自己当成小孩，同事的冲突则成为手足之间的口角。米莉安虽曾抵抗，却不能坚持到底，因为她怕失去工作。然而她情绪低落，受环境的影响极大："我真的能理解为什么有人会想杀人。我觉得无能为力，想诉诸暴力的冲动到了很可怕的程度！"

有些雇主对待员工就像管小孩，有些则把员工当成物品看待，可以任意驱使。在米莉安的例子中，因为工作涉及创意，受虐者受到的攻击更直接：她所有的干劲和创意都因而荡然无存。雇主通常会设法防止有用或不可或缺的员工离职，绝不会让这种人弄清楚自身的处境，或是觉得不怕找不到别的工作。一定要让他相信，自己只配做现在这个工作。要是他反抗，就孤立他，断绝一切接触，不进行眼神交流，在走廊上也不打招呼，对他的建议也充耳不闻。继而是伤人的刻薄言语，倘若这些还不够，精神暴力就会出现。

万一受虐者做出回应并企图反抗，施虐者暗藏的坏心眼就会转为毫不掩饰的敌意。此阶段的精神虐待被称为"精神恐吓"。施虐者为迫害其牺牲品，什么手段都使得出来，有时甚至包括肢体暴力。这可能导致对方自残或自杀。施虐者根本就不顾公司的利益，一心只想把受虐者打垮。

在整个过程中，施虐者不仅在玩权力游戏，也享受把对方当成玩物要弄的乐子。施虐者逼受虐者变得软弱无能，自己害人却不必负责。他们为达目的无所不用其极，即使是建立在他人的痛苦上。这种人完全不懂得尊重他人，贬低他人以满足自尊心在他看来是正当合理的。最令人不解的是，他没来由的愤怒永无止尽，对被他逼入困境的人没有一点同情心。施虐者认为受虐者罪有应得，所以无权抱怨。受虐者只是个讨厌的东西，一定要抹杀他的特质。对施虐者而言，受虐者没有感受或情绪起伏的权利。

面对令人百思不解的侵害，受虐者感到孤立无援。旁人害怕自己变成被攻击的对象，而使环境中弥漫着胆怯与明哲保身的气氛。有时也会出现一种状况：因为旁观他人受虐而产生残酷的快感。

在正常的关系里，必要时可以利用冲突来压制某一方的高姿态，从而维持双方权力的平衡。然而精神虐待者无法忍受对其权力的丝毫反抗，他会把冲突的关系转化为仇恨，这股仇恨甚至会以摧毁对方为目标。

露西在一家小型家族公司当业务经理已有10年。她在公司刚成立时便加入，所以对公司感情深厚。当年进行客户开发工作的确是项很大的挑战。

她的老板一直是个说话好听但作风专制的“君王”，随着公司经营成功，现在更是变本加厉，暴虐专横。早上他来上班时不会跟人道早安，命令员工时不直视对方，坚持员工的办公室门不能关，开会前5分钟才下达指示，等等。所有这些因素令大家时时刻刻都放松不下，精神上疲累不堪。老板为求更有效的“统治”，鼓励冲突和打小报告，偏袒较听话的员工，敌视反抗他的员工。露西觉得这根本是剥夺员工权利的行径，就刻意保持距离。她的态度被视为叛逆。

此时老板又增聘了一位业务经理，打破了整个局面。他立刻把新进者捧上天，对她另眼相看。如此明目张胆的不公平，简直是企图贿赂，这让新经理感到狐疑，而想要辞职。老板说服她不要走，还让业务部的同事认为，这场闹剧是因露西嫉妒造成的。

老板认为，让她们两个女人互相竞争、彼此攻击，他就更好控制她们了。

从此以后，露西就被孤立了。她得不到信息，工作业绩不被认可，怎么做都不对。公司也开始传出她工作能力不足的流言。尽管她知道自己胜任，到后来却也怀疑起自己的能力。她压力很大，不知如何是好，又怕别人借此来对付她，便努力掩饰心中的不安。其他员工都避着她，深怕与她走太近会被认为跟她一样无能。

露西也像许多精神受虐者一样，反应得太晚。她不自觉地把老板当作父亲或兄长。

等到她听见老板在同事面前侮辱她，当天便要求见他：

“你羞辱我了，请问你对我有什么不满？”

“我不怕任何人任何事。你走吧。”

“除非你告诉我对我有何不满，否则我不会走。”

这一刻，老板失去了控制，在盛怒中把桌面一扫，拿起东西就乱砸，吼道：“你能力太差了，态度也傲慢得令人讨厌！”

老板不知道她不会投降，从而打出“恐吓牌”。他对调两人的角色，把自己变成受员工欺负的人。

露西长久以来自认受到老板的照顾，她无法理解在他眼中看到的蔑视与痛恨，但肢体的暴力激起了她的反应，她决定告他。

同事们劝阻她："别这样。你只是自找麻烦。他总会冷静下来的。"露西哭泣、颤抖着到警察局提出控告，接着去看医生，医生开给她8天的病假证明。最后，她回到办公室拿走了自己的包。

正式控告是结束精神恐吓唯一的办法。由于这代表与公司明确决裂，所以若非忍无可忍，则需要很大的勇气。但这么做也不保证一定会得到正面的结果。

坐视不管的公司

这种例子只会出现于鼓励施虐或对此视而不见的公司。有些管理层很清楚该如何处置不胜任、工作不积极的员工，却不懂得如何应对无礼或让其他同事日子难过的员工。公司尊重隐私，主管遵循"不过问"政策，认为员工已够成熟，解决得了自己的问题，结果却使受虐者的尊严遭到践踏。

持这种态度的企业会培养出好胜的员工，他们虽然本性不坏，却容易为了胜出而降低自己的道德标准，在别人施虐的过程中事不关己。目睹不当对待或虐待行为时，他们不再感到震惊，也逐渐分辨不出激励和骚扰的界线。然而，在竞争的环境中，其实更要掌握分寸，不得触犯冒犯他人的底线，也不应漠视个人权益。

当失业成为威胁时，傲慢与讥讽有可能成为管理的手段。在竞争激烈的组织内，冷漠无情当道。不论手段如何，竞争都会被视为对组织有益，而输家则会被淘汰。惧怕正面交锋的人不会直接夺取权力，而是在暗中以残酷的方式操纵他人，以获得对方的屈从。削弱受虐者将有助于拉升他的自我形象。

贪恋权力者在这种环境下利用团体的是非不分来打击潜在对手，还能够全身而退。只要出现管理层控制不了的人，他们就会无所顾忌地操控或侵害他人的人格，以取得或巩固权力，还不担心会遭到报复。

职场的某些特性会促成虐待行为的发生。毋庸置疑，压力大的团体中比较容易出现冲突。他们为了提升业绩引进新的工作模式，却忽略了人性的因素。压力即由此而生，并为虐待行为提供了温床。

紧张与压力原是有机体的生理现象，它使有机体得以适应各种可能的攻击。对动物而言，紧张是求生存的本能。动物面对攻击时可以选择对抗或逃跑，企业员工却没有这种选择余地。人类的有机构造和动物一样，对攻击的反应分为三个阶段：惊觉、抗拒、耗尽力气。只是这种生理现象已失去身体原本的备战作用，改由社会适应与心理适应取代。企业要求员工在压力下快速完成过多的工作，还要能够随机应变，兼顾许多方面。20 世纪 90 年代，专门研究工作环境的医学专家曾分析弹性工时对屠宰场员工造成的后果，其报告指出："确实，经济压迫影响了工作量的分配，但进一步研究发现，某些单位的要求太过分：工作步调越来越快，当班排到爆满且不规律，极度不为员工着想的例外情况逐渐变为常态。"

工作压力的后果及其造成的健康问题仍然未得到充分的认定与量化。压力不被认定为"职业病"，也不被当作员工缺勤的直接原因，然而专精此领域的一般医生与精神科医生已证实，身心失调症、酗酒和吸毒的增加都与工作压力太大有关。

组织结构紊乱必然会产生压力，其来源有：(1)职务定义不明(谁也不知道什么人该做什么事，或是谁该负责任）；（2）组织环境不稳定（某人被派担任某职位，但谁也不清楚他能做多久）；（3）缺乏协调（未经相关各方同意便擅自做决定）。有些公司的层级制度极为僵化，使弄权者可以肆无忌惮地对付他人而逍遥法外。

有些企业是“榨汁机”。它编织不实的美梦，玩弄员工的情感，不断对员工提出更多要求，当员工鞠躬尽瘁、不能再替公司赚钱时，就把他们一脚踢开。企业的组织结构可能隐含很大的操纵成分。我们常常看到，管理层为激励员工效命，不惜建立远超出正常劳动合同的私人关系，尽管理论上并未直接操纵员工的情感。公司要求员工为其掏心掏肺，并利用社会学家妮可·奥贝尔（Nicole Aubert）及文森特·德高勒捷（Vincent de Gaulejac）所谓“想象式管理”的体制，把员工转换为“黄金奴隶”。企业一方面要求员工过度付出，并要承担压力的后果；一方面却吝于肯定员工的努力，也不把他们当成独立个体，而只是可以相互替代的卒子。在某些公司，员工从不会在一个职位上待很久，以免资历太高。员工永远被局限于无知且弱势的状态，任何创新或主动积极的迹象均属异类。公司不肯让员工承担责任，也不准他们进修，上进的动机和热情就这样被浇熄。公司把员工当成不守规矩的学生看待——不准笑、不准放松，否则会被纠正。有时在每周的例会上会要求他们自我批判，把部门会议变成公开羞辱的场合。

雪上加霜的是，有些人屈就较低职位，学历与直属主管相当或者更高，主管便会给他加压，直到他再也负荷不了更多的工作，而怪起自己的无能。经济压迫意指对员工要求越来越多，却越来越不顾及他们的福利。员工本身及其学识不受重视，员工个人不算什么，他的经历、尊严和痛苦都不重要。

面对这种被“物化”的现象，受到机器人式待遇的员工，大多感觉自身势单力孤，难以有所作为，但是会在内心抗议，低着头盼望情况有所改善。当压力导致失眠、疲倦、易怒时，员工却无法遵医嘱请病假以缓解压力，而是害怕回去上班时会遭到报复。这种例子不在少数。

无须明确理由就把员工赶走的方法有好几种：

- 在公司改组时以景气不佳为由，撤掉某员工的职位。
- 把特别困难的工作交给某员工，再对其业绩挑毛病，制造请他辞职的正当理由。
- 利用精神虐待让某员工崩溃，促使他自动辞职。

精神虐待常发生于员工因外在因素而状态不佳时。譬如因离婚而比较难专心工作，于是过去从不是问题的事，现在却会因此被暗中捅刀。有心人觉得既然对方现在疏于提防，于是以往可接受的事现在就无须容忍。施虐者认为自己是对的，受虐者本来能力就有问题。利用别人的弱点确实是很有用的策略，在商场和政坛司空见惯。能在“人吃人、狗咬狗”的世界成功，不免让人沾沾自喜。

奥利弗是一家大型法律事务所的资深合伙人。这家事务所自开业以来经营得一直很成功，最近有许多年轻的毕业生加入，个个想要一步登天。另一位合伙人法兰克是奥利弗的老友，他的管理方式很不择手段。奥利弗对此不以为然，虽不想与他沆滏一气，但也不愿危及两人的合作，因为那是事务所成功的招牌。

有一天他从助理们口中听到谣言，说有人要对他不利，原因是法兰克引发的一场争执引起一群员工不满，他恐怕会有麻烦。奥利弗去问法兰克，法兰克的答复则是反击："你想找麻烦就尽管找。什么事我都一概不知！"

奥利佛向来知道这位仁兄不尊重别人。他拿权力的美梦做饵利用别人，又挑起资历浅的合伙人之间的冲突，以巩固自己的地位，办公室充斥着勾心斗角的不良风气。一位年轻律师有感于此，宁可离去，因为他知道一旦冲突白热化，最先遭殃的就是资历最浅的人员。

法兰克不是扣住档案，就是把档案交给听话的助理，故意让奥利弗感到不安。奥利弗起先疏于防卫，尽管他很了解这位大学老友不在乎他人的管理风格，却不敢相信法兰克居然会如此对待他。最后当他发现法兰克未事先通知他就从事务所的账户提款，他终于采取行动，定下防范策略。

助纣为虐的公司

一旦认同为达目的可以为所欲为的观点，企业本身便可能成为一个虐待组织，不惜摧毁他人以求成功。当扭曲的价值观盛行，企业组织甚至会通过虐待的过程，以谎言来促进企业的发展。

在竞争激烈的经济体里，不少高管并无能力胜任其职务，只好通过摧毁式的防卫体系，靠着忽视人性、说谎和恐吓来对付员工，并撇清相关责任，以保住自己的职位。只在意利润增加的企业会刻意默许主管的虐待行为。

法国有一家小型制衣公司便是这种管理作风的实例。该公司绝大部分员工都是女性，包括总经理在内，唯有厂长是男性。这个暴君对全体员工只有蔑视可言：他借生产效率为名羞辱和伤害她们。他以种种折磨人的手法不断催促员工加快速度、提高产量，用秒表计算休息时间，不放过每个羞辱人的机会。所有这些都在总经理的默许下进行，她完全知道他的作风，但不作声。

后来工人决定发起罢工，在长达6个月的抗争爆发之前，电视台来这家工厂拍摄书目，并把焦点放在厂长身上。他即使在镜头前也不改侮辱女性的作风——他认为这完全正当合理，且从不曾质疑自己。罢工爆发时，108个员工中有85人走出工厂，走上街头，要求厂长辞职。她们的诉求终获实现，但在这之前已有64人遭到解雇。那位厂长的管理作风虽有媒体公开谴责，他却很快就在规模有原来两倍大的工厂里找到了工作。

权力握在施虐的个人或体系中，会成为可怕的武器。

克丽蒙丝年轻貌美，拥有商学学位，专长是营销。毕业后她做过短期的合同工，之后便失业了。所以当一家成功的企业雇用她负责销售公关时，她大大松了一口气。这份工作之前是由总经理兼任的。在公司的管理岗中，她是唯一的女性。起先她向一位同级的主管负责，那人离职后，她就直接隶属于总经理。

此时他开始欺负她："你做的东西没有半点用！""别人会以为你根本不懂营销！"以前从未有人这样对她说话，可是她害怕失去这个她喜欢的工作，所以什么也不敢说。

总经理盗用她的点子，却又暗指她没有创意，只是个花瓶。她表示抗议，他恼羞成怒：“闭嘴，赶快完成你的工作！”他从不直接交付任务给她，只是把档案放在她桌上，里面附有工作指示。若她在工作上有不错的表现，他也从不鼓励肯定或说一两句称赞的话。

公司的高层主管以男性居多，他们认同总经理，便开始回避她并讲她坏话。由于办公室是开放式的，同事之间彼此相互监视，想要保护自己并不容易。

有一天克丽蒙丝鼓起勇气去找总经理。他却不答腔，看着别处，仿佛没听见她在讲什么。她不放弃继续追问，他却装傻：“我不懂你在说什么！”

虽然她的工作很需要与人联系沟通，总经理却不让她与人当面交谈，他认为那样会打扰到他人。唯一允许的沟通方式是电子邮件。

这家公司的电话和电脑都以密码锁住。克丽蒙丝请病假数日后回来上班时，发现密码已被修改，她必须等一个与总经理走得很近的秘书来解锁。克丽蒙丝向她抗议：“你如果用过我的办公室，也应该把一切都复原才对！”

“别对我大声嚷嚷，你以为自己是谁，大家都知道你有病！”

后来她得知，根据总经理的命令，打给她的重要电话也被同一个秘书转接。她发邮件给那个秘书，两人你来我往，抄送给总经理。总经理故意不理会克丽蒙丝，只向怕打扰到他的秘书表示没有问题。

克丽蒙丝渐渐失去了自信。她怀疑自己的作为：“我哪里做得不对，他们这样对待我？”她虽以优异的成绩毕业，却开始对自己的专业能力失去信心。她睡不好，害怕必须去上班的周一早晨。她会偏头痛和莫名哭泣，晚上才能向丈夫诉说。她没精打采，也不想出门或与朋友见面。

虐待行为若可带来利润，又不会制造麻烦，企业便往往会装作没看见。然而企业应该是让个人得以发展的触媒，而非破坏的工具。

在巴瑞·莱文森（Barry Levinson）执导的电影《桃色机密》（*Disclosure*）里，我们能看到公司是如何纵容一个人毁灭另一人的。故事发生在西雅图一家专门做芯片的公司里。他们与一家电脑软件公司合并后需要一位执行官。梅瑞迪丝意外获得晋升，而经验和资历都在她之上的汤姆却被牺牲。梅瑞迪丝向来见不得别人好，所以你可能以为，她会不动声色地为自己的胜利沾沾自喜，但正好相反，她对他的态度是“必除之而后快”。汤姆是个健康、幸福的男人，家有贤妻和三个可爱的孩子。梅瑞迪丝曾是他的情妇，她夺不走这单纯的幸福，便执意以性为武器要毁掉他。她频频勾引他，他却不上钩。她便设计报复，指控他性骚扰。在这类案例里，指控性骚扰的目的是羞辱对方，把他当物品看待，最后再毁灭他。羞辱如果还不够，她会找出其他方法来“解决”受虐者。

在这部电影里，我们不仅见识到了自恋的施虐者发动的权力斗争，也看到了一种剥夺他人幸福，可能还对其进行破坏的需求。施虐者利用了受虐者的错误和弱点，如果这些尚不足以达到目标，她就另辟蹊径。

无论起始点是个人之间的冲突，还是组织结构不当，公司均有责任找出解决办法，不插手政策会助长虐待行为发生。在虐待行为发展的过程中，必有某个时刻是公司可以想方设法介入的。尽管目前企业普遍设有人事经理，却少有公司认真考虑人性因素，而会顾及职场关系的心理层面及其意义的公司更是少之又少。

然而虐待行为的经济后果对企业而言不可谓不重要。工作气氛恶化将导致集体产出效率剧降。施虐者与受虐者把主要精力用在处理彼此的冲突上，有时连目击者也无法置身事外，他们都很难专心工作。工作质量下降，再加上请假、旷工的隐形成本增加，公司因此遭受的损失不可小觑。

有时情况会颠倒过来，组织变成掠夺者的牺牲品。那种无视公司利益的主管，只关心如何维系某种制度以增加和强化自身价值，以致把公司吸干。

虐待行为必定是冲突的结果。了解它是源自相关人员的性格还是公司的组织结构所致，是十分重要的。并非所有的冲突都会演变为虐待，必须有几个因素相配合：

- 工作关系非人性化
- 公司权力至高无上
- 姑息养奸者或成为其帮凶

在职场上，全部的决策者（初、中、高级主管及公司董事）都有责任介入，他们必须拒斥虐待行为，确保公司各层级都重视人性尊严。即使没有法律界定精神虐待或骚扰，他们也有义务强调对他人的尊重，并摒除种族与性别歧视。捍卫劳工权益的工会也应提供阻止精神虐待及其他人身攻击的有效保护。

我们切不可轻忽虐待行为，以为那是社会上免不了的罪恶。职场的虐待与经济因素无关，而是组织的怠惰助长的。

第 二 部 分

精神虐待式关系与当事人

第三章 精神虐待的诱惑期

我们从临床案例的研究中知道，精神虐待关系会历经两个阶段：人格腐蚀和公开暴力。

对于第一阶段，精神分析师拉卡米耶称之为“洗脑”，可能延续数年。自精神虐待关系开始，经过这段引诱的过程，受虐者的人格一步步遭到摧毁。在这个初步阶段，受虐者暗中受到扰乱，渐渐失去自信。

引诱是第一步，继而是向受虐者施加影响力的时期，其终极目的在于掌控他，让他毫无自主判断力。

这段引诱过程不仅要让受虐者无从抵抗地上钩，更要诱惑他，收买他的心。操控方不顾事实，暗中行事，不按常理出牌。他使出各种花招，赢取被操控方的钦佩，被操控方受到蛊惑，反馈给他的是正面的形象。这个过程是利用他人保护者的本能。由于施展引诱是出于自恋，所以操控者的目的是要成为对方眼中唯一着迷的对象，也就是他自己令人喜爱的形象。这种引诱是条单行道，借此，自恋的施虐者施展他的魔力，但自己并不会陷入其中。哲学家鲍德里亚（Jean Baudrillard）认为，如此专注的引诱过程，不仅回避了事实，还在表面上动手脚。那并非正面的能量，而是有害的过程几乎如同一种惯性。自恋者的引诱行为，会使自己和他人的人格分界产生混淆和腐蚀。这不是移情作用——例如为了维系热恋之情，人们会理想化心爱的对象，不愿承认对方有任何缺点——而更接近一种兼并，以抹杀对方为目标。受虐者的存在被视为威胁，而非互补。

所谓影响期，即在未经讨论的情况下，引导他人以不符合其本性的方式思考、做决定和行事。在此“诱惑式纠缠”期，被设定为目标者的判断力和弱点均受到影响及操控，无法事先自由地表达意见。正如所有的操控程序一般，必须先让受虐者相信他有自由意志，即便他已在不自觉中失去了行为自由。虐待关系中的双方不可能进行对等的讨论；施虐方一定会很小心地去影响对方，并防止他有所察觉，也不能让他讨论或反抗。受虐方丧失了自卫力和判断力，因此没有任何反抗的可能性。在这类情况下，施虐者均是瞒着对方，对他展现不当而滥用的影响力。我们在日常生活中经常遭到操纵、骚扰和干涉，每当发生这种事，我们都会对施虐者感到愤怒，却更对自己感到羞愧。

在权力关系中，掌控是对心灵或精神的支配。受虐者陷入依赖状况，变成沉默附属。施虐者通过权力施展的引诱，让对方显得无助，只能表示赞成与认同。经过掩饰的威胁及恐吓也会化暗为明，施虐者必须让对方变得脆弱，无力坚持，以便向对方灌输自己的想法和建议。强迫别人接受就表示并未将对方视为平等的个体。控制的触角有可能进入他人的灵魂及头脑，如《精神疾病诊断与统计手册》第四版（*DSM-IV*，美国精神医学学会出版）所说，长期处于强制说服的环境中，如洗脑、思想改造或监狱管理，可能引发人格分裂。

掌控仅存在于关系的领域内：那是一个人对另一个人在智识或道德上的主宰、影响或凌驾。受虐者被蛛网缠住，是任凭处置的俘虏，精神没有自由，理智受到麻痹。他完全不知道发生了什么事。

夺取控制权的三大要素是：

- 窃取行动，剥夺对方的能力
- 主宰行动，令对方陷于服从及依赖状态
- 标记元素，在别人身上留下自己的印记

掌控意味着否定他人的意愿，腐蚀其人格，所以本质上就有确切的破坏性。受虐者眼看着自己的抗拒力量逐步被侵蚀，失去了全部批判能力，无力反应的他实质上已四分五裂，被迫成为压迫自己的共犯。这与个人意志完全无关。受虐者变成物件，已无法自行思考，只能依附施虐者的想法。他顺从于施虐者，无所谓同意或参与。

根据诱惑式纠缠策略，施虐者不会立即一刀毙命地直接毁掉受虐者，而是将他玩弄于股掌之上，使他渐渐屈服。重要的是维持权力和掌控。施虐者起初好像没有恶意，可是随着受虐者的反抗，手段会变得越来越阴狠。受虐者若是太柔顺认命，这游戏就不好玩了。施虐者一定要得到足够又不足以威胁到他的抗拒反应，才会想要继续两人的关系。游戏要怎么玩，决定权在他。受虐者不是与他互动的主体，而只是必须保持屈从的有用物件。

每个受虐者都表示，当施虐者在附近时，自己便无法专心。施虐者在中立的旁观者面前，必定装作完全无辜。受虐者表面上的自在，与实际的痛苦之间有极大的差距。他们在此阶段会抱怨说喘不过气来，而且不能自主做任何事，且在言谈中提及自己没有余地思考。

受虐者原本是为了取悦同伴而服从，或是因为同伴看似不快乐，想要让他好过一点。之后继续服从则是因为害怕。尤其在情况刚开始时，儿童为了获得肯定会愿意顺从，而被虐待总比被遗弃好。但是施虐者要的多、给的少，因此在虐待关系中暗藏着要挟，至少受虐者心中会产生这种想法："如果我更听话，他总有一天会珍惜我或爱我。"但那是一种无止境的追寻，因为施虐者永远无法做到这些，倒是受虐者对爱与肯定的追求，会引发自恋施虐者的恨与虐心。

这是一种矛盾的状况，因为施虐者畏惧对方的力量，他越是要抵挡这股惧意，便越想掌控对方（他觉得如果对方胜过他，这种惧意会变得几乎难以压制）。

在掌控阶段，受虐者要是行为恭顺，愿意在依赖之网中安身立命，就会觉得相对好过。此时暴力的暗流已经形成，而且很容易浮上水面。两人之间的情势已趋固定，不可能改变。两个主角以对彼此的恐惧维持着令人不安的现状：

- 施虐者受制于过往经历形成的内在规则，导致他难以直接施暴，也可能是因为对对方怀有恐惧。
- 受虐者受制于所受到的掌控及随之而来的惧意，或是拒绝承认施虐者对自己的排斥。

施虐者在此阶段会将两人关系维持在紧张状态，使受虐者长期处在压力之下。

他的掌控在外人眼中通常并不明显。旁人看不出所以然，即使证据就摆在眼前也无法辨识。对不了解虐待行为背景及其内情的人来说，令受虐者难安的言语听在他们耳中并没有特别的感觉。掌控阶段之后是孤立过程。受虐者被逼到只能被动发泄时，他的行为模式就会惹恼周围的人。他也许会变得脾气暴躁、爱发牢骚或过分执着。总而言之，他会失去所有的自然反应。亲近他的人不明白他为何会出现这种行为，从而对他产生负面评价。孤立过程中，施虐者会利用特别扭曲的方式沟通，例如谎言、讽刺、嘲笑、蔑视和自相矛盾的态度。

第四章 精神虐待关系中的沟通

为牢牢地掌控受虐者，施虐者需要一种能够制造沟通假象的程序——一种单向沟通，目的不是维系关系，反倒是为了保持距离，阻止双方做有意义的交流。这种扭曲的沟通旨在让受虐者更容易被利用。一定要以言语操纵他，使他不清楚自己的受害过程；阻断真实资讯的提供，仿佛断电般让受虐者陷入一片漆黑中。这些都是弱化受虐者到无能状态的重要步骤。

暴力即便不是口说，经过粉饰隐藏后，仍可通过非语言的方式或暗示传达，给受虐者造成极大痛苦。

拒绝直接沟通

由于"某一方根本不肯讨论事情"，所以直接沟通从来不存在。

施虐者面对直接提问只会闪避。他一语不发，让你以为那意味着智慧和修养。于是，你进入一个话不多但言辞闪烁、让人觉得不安的世界。施虐者每每以退为进，从不直截了当。他总是耸肩或叹息，受虐者忍不住要问："我哪里得罪了他？他为什么讨厌我？"因为他什么也没说，所以任何事都可能是他不满的原因。

施虐者这边不管是责骂或冲突，只要是否定，受虐者就会无力抵御，难以自保。其虐待手法就是拒不承认两人之间有问题，且不愿沟通也不愿共同寻求解决之道。如果打开天窗说亮话，冲突就有可能得以讨论，或许能找出解决办法。可惜在虐待式沟通的范畴内，最要紧的是防止受虐者思考、理解或反应。使冲突加剧的有效方式就是不要对话，默默地把过错加诸对方。受虐者的发言权被剥夺。他想说的事实，施虐者不感兴趣也不会听。

像这样拒绝对话，等于不直接明讲却在表示“我对你没有兴趣”，甚至“我眼中根本就没有你这个人”。对别人，只要有疑问，受虐者都可以提出来，可是与施虐者交谈却是在打哑谜，什么都不明确，造成彼此疏离。你永远在距离理解最远的一端。

受虐者直接口头沟通未果，往往便会改用书面。他写信要求施虐者对于他认为是在排斥他的事进行解释；若得不到答复，他会再写，这次则是想找出自己有什么过错，才使施虐者如此对待他。他甚至愿意为了合理化对方的排斥，而替自己可能犯的错道歉。

施虐者有时会利用这些未回复的信，作为对付虐待对象的武器。曾有这么一个例子，妻子责骂丈夫说谎和不忠，两人激烈争吵后，丈夫告到法庭，并在庭上拿出她的信为证，说：“你们看，她自己都承认她很暴力！”

有些案例是受虐者寄挂号信以求自保，却被说成是爱打官司的偏执狂。

即使受虐者接到回信，通常也只会看到冷漠和避重就轻的答复。有位妻子在充满感情与爱意的信里对丈夫写道：“请告诉我，我是哪里令你难以忍受，才使你恨我到只能蔑视和侮辱我的程度？你为什么只用指摘和以偏盖全的方式说话？”她得到的则是一段高明的答复，内容语气冰冷，不带一丝爱意：“我的解释是，你所说的事情并不存在。任何事均可检视。没有参考标准或明显的真相……”

无法沟通出现在各种表达层面上。施虐者面对施虐对象时显得紧绷，身体僵硬，表情躲躲闪闪：“我一进这家公司，老板看我的神情就一直令我不安，我老是自问有没有做错什么事。”

言语歪曲

施虐者与受虐者交谈时，会使用冷漠、单调的语气。那是不带感情的声音，令听者不寒而栗，并以看似最无辜的言论留下藐视嘲笑的痕迹。即使中立的旁观者听来，那种语调也含着讽刺、未言明的责难或隐藏的威胁。

曾经身受其害的人立即就认得出那种令人坐立难安、心生恐惧的冰冷语调。言谈内容完全不重要，要紧的是其中隐含的胁迫。受过父母精神虐待的儿童，对言语攻击即将发生前的语气变化描述得很好：“有时候在晚餐桌上，他刚和颜悦色地对我妹妹讲完话，语气就突然变得冰冷而锐利。我马上知道他要转向我，他要说的话一定很难听。”

即使在激烈交锋时，施虐者也绝不会提高音量，反而是对方会进入焦躁不安的状态而受责难：“很肯定的是，你只会变成一个大哭大叫、歇斯底里的人。”

施虐者习惯性地不用心把话说清楚，要不就是趁受虐者在别的房间时故意小声对他说话。那样对方就不得不走过来，以便听清楚他说了什么，或者他也可以让对方要自己再说一遍，这样他好趁机指责对方没有认真聆听。

施虐者故意含糊其辞，制造混淆。事后他可以推诿说“我从来都没有那么说过”而逃避责任。他用间接方式传送信息，并不会惹祸上身。

他有本事同时进行好几段相互矛盾、彼此间并没有显著逻辑关联的对话。

他也会一句话只说一半，为各种误解和误判留下空间，或者语焉不详，拒绝说清楚讲明白。例如，有位岳母请女婿帮个小忙，却出现以下对话：

“不行，有困难。”

“为什么？”

“你应该知道。”

“不，我不明白！”

“那就想一想。”

女婿的回答很不客气，但是语气平和正常，几乎是很随意的声音。人们遇到这种让人不得要领的状况，往往会先反省自己是否说错或做错什么，或者生气引发了争执，这都是合理的反应。但施虐者这么做很少失败，因为除非对方本身也有虐人的习性，否则多半会先怪自己。

扰乱人心的手法从来不是显而易见的。母亲对想要怀孕却希望落空的女儿说：“我的孩子我爱怎么照顾就怎么照顾，你将来也一样！”如果母亲说完后马上道歉，或找一些借口，你也许以为那只是一时失言。然而不时在这里或那里小小地刺一下，不在乎别人的内心感受，以上便是一个很贴切的例子。

另一种施虐者常用的语言策略，是以抽象、说教、理论性的说话方式把对方拉进费解、未知的领域。受虐者为了怕让自己显得太蠢，也不敢要求解释。

采取冷静、纯理论的策略，可以使听者感到迷惑，也就无法回应。不论施虐者说了什么，他权威的语气都给人很有学问的印象。他假装博学，满口术语，也不在乎其含意，只想让听者觉得自己很厉害。听者事后会说："他把我唬住了，我也不知道当时为什么没有反应！"

施虐者认为交谈时重要的是形式而非内容，表现出有学问的样子易于让对方上钩。有位妻子想要跟丈夫讨论两人的关系，丈夫却以说教的语气答道："你提的是有问题的问题，是让男人不举的女人的通病，你们总是把自己的肉欲投射在男人身上。"

这些激烈的、精神分析式的解读，成功地打乱了受虐者的思路，使她很难将情势扭转到对自己有利的方向。受虐者也说，施虐者的论点往往乱枪打鸟到可笑的程度，然而这种妄言妄语确实令人生气。

另一种施虐法是自以为是地拼凑受虐者的意图，或是猜测其心中秘密，仿佛施虐者比受虐者更了解对方脑袋里在想什么："我很清楚你讨厌某某某，你一直在找理由不见他！"

撒谎

施虐者不是直接撒谎，而是先交错利用暗讽及非口头暗示来制造误会，之后再把误会转化为对自己有利的方面。

公元前5世纪的论著《孙子兵法》教导我们："凡战者，以正合，以奇胜。”

传达不完整、相互矛盾的信息，正是因为担心对方会有什么反应。施虐者说得头头是道，却很隐晦，还希望对方了解。他所说的话多半只能在事实发生后揭开谜底，从结果才推断得出原因。

言不及义是处理某些情况的妙方。

非直接的指控听起来或许很普通，甚至没有恶意，但可能却在拐弯抹角骂人：“女人好可怕！”“职业妇女当然不怎么做家事！”若伴侣抗议，施虐者又会马上改口：“我又不是在说你。天啊，你实在太敏感了！”

在唇枪舌战中占上风是首要目标，可是直言不讳会被伴侣指为独裁。不如用暗箭伤人的技巧，动摇和侵蚀对方的人格，导致对方怀疑自己是否真的受到了不当对待。

另一种间接谎言存在于不确切的回答、答非所问或者为转移焦点而发动的攻击中。当妻子质疑丈夫是否忠诚时，他却答道：“你这么疑神疑鬼，恐怕自己心里有鬼吧！”

谎言也可能藏在细节里。有个妻子指责丈夫带着女孩到乡下待了8天，先生的答复是：“你才说谎。一则我们去了9天，不是8天；二来我带的是女人，不是女孩！”

施虐者不管说什么，总有办法颠倒黑白，证明自己是对的，尤其当受虐者心神不宁又不想争辩时。受虐者之所以不安，是因为真相与谎言一直混淆不清。

唯有在破坏阶段，恶形恶状的自恋施虐者才会直接说谎，我将在下一章中讨论。此时即使证据就在眼前，谎言仍会满天飞。能够让受虐者相信的主要是看似诚恳的谎言。无论谎扯得多大，只要施虐者锲而不舍，定会获得最后的胜利。

真相和谎话在虐待行为中不具意义——施虐者当下说了什么，真相就是什么。这些对事实的歪曲往往接近信口雌黄。每个另有所指的信息，即使已昭然若揭，他们也不容许对方多想。既然外表看不出施虐的痕迹，就等于虐待行为不存在。说谎出于一种需求，可以把妨碍自恋者利益的事情当作不存在。

以上策略显示了恶劣的施虐者是如何把自己包在神秘的光环内的，毋须多言就能诱使对方相信自己——而隐晦是为了默默显露。

运用讽刺、嘲笑、轻蔑的伎俩

轻蔑和嘲笑是做给外人看的——贬低讨厌的伴侣，看不起他/她的想法和作为，甚至延伸至他/她的亲友圈。蔑视是对付弱者的武器，是对抗不想要的感觉的挡箭牌。而施虐者就躲在讥讽和幽默的面具后面。

嘲笑和藐视特别会针对女性。在两性的虐待关系中，虐待的手法常常是否定女性的性别。自恋的施虐者不承认女性有完整独立的人格。任何对女人的嘲讽都令他们乐此不疲。

这种态度可能因旁观者的赞同而变本加厉，请看以下的例子：

在美国国家广播公司（NBC）的某个谈话性节目上，一对年轻情侣进行公开讨论，他们的问题是："他因为我不是顶尖模特儿而受不了我。"年轻男子解释其女友（也是他孩子的母亲）并非他终极渴望的理想对象：她不苗条、不性感，牙齿和胸部也不完美，所以她不是佳偶。他的理想对象是女星辛迪·克劳馥（Cindy Crawford）。他把女友说得一文不值，害得女友忍不住哭起来。他却面无表情，不做任何安慰。

接着由现场观众表达意见。女性观众当然对那名男子的态度表示抗议，有些则建议其女友如何改进自己的外表，但是大多数男性观众只是好整以暇地坐着，甚至还加入对那名年轻女子的长相的批评中。

节目中请来的心理学家则向大家说明，只要看一眼雪莉，就知道她不像辛迪·克劳馥，可是巴伯还是很爱她，想要跟她生小孩。然而却无人质疑节目制作单位和观众的自鸣得意，或是想过那名女性所受到的屈辱。

嘲笑可以针对任何人事物。它是一种轻松的行为方式，却能制造不愉快的气氛，把沟通导向虚伪、无诚意的层次。

刻薄的言论（伤人的实话）或诽谤的言论（谎话）往往源自嫉妒。因此：

- 与老男人在一起的漂亮女孩是妓女。
- 要求高的女人在床笫间吃不开。
- 著名的电视女主播显然跟所有人都上过床才有今天的地位。
- 同事能够成功全靠“牺牲色相”。

大多女性是因为性别而成为嘲讽的目标。

取笑别人可以显得自己英明。英明的人就有权开某个人或某件事的玩笑，观众还会站在他那一边。

其方式可能是直接的："我跟你说，你不知道……吧！"也可能是间接的："你没看见她……有多可笑吧？"

受虐者完全接受加害人对其圈子（亲朋、同事等）的批评，最后认为他批评得有理，这种情形并不少见。

挖苦和刺人的言词之所以得到接受，是因为受虐者觉得，要与性感、有魅力但难相处的情人维持关系，就必须付出这种代价。

施虐者不想自己淹死，就得把对方压在水里。为此他会耍一些扰乱人心的小手段，最好是在公开场合——先从夸张地描述无伤大雅有时还是私密的事件入手，然后在周围同伴中找人与他唱和。这样做是要让受虐者出丑。对方会感受到敌意，但无法确定那是不是幽默。施虐者看似在逗乐，其实是在攻击对方的弱点："蒜头鼻"、"飞机场"、"老实木讷"……

攻击是通过明捧暗贬以及意在言外悄悄进行的。你很难明确指出它是从什么时候开始的，或者是不是真的攻击。施虐者绝不会让自己被拖下水，他经常颠倒是非，反指受虐者居心不良："如果你认为是我在整你，那是因为你想整人！"

如我们在临床病例上所见，给对方取个古怪可笑的绰号是普遍的手法：胖妹、林黛玉、大笨牛……这些绰号就算伤人，但已经顺服并且能自嘲的受虐者大多会接受。

所有这些令人不快的话语都会制造伤口，施虐者并不会示好以求弥补。他无视自己造成的痛苦，还会再拿它来开玩笑。

在这种语言攻击、讽刺和奚落中也有花招可耍：与对方争辩并逼得对方反抗，以从中取乐。如前面所说，自恋的施虐者喜欢争执。他可以今天赞成某个观点，明天又为相反的意见辩护，只是为了炒热讨论气氛或故意吓人。如果对方的反应不够强烈，只要多煽风点火即可。而受害的伴侣反应不足的原因，在于已太习惯为施虐者找借口，也因为施虐者的手段太厉害。如果攻击态度来得太突然，通常会引起愤怒，但渐进式地进行就能化解一切反抗。受虐者几乎习以为常时，才会注意到其话中的侵犯意味。

自恋的施虐者常把旁观者骗得团团转，他们浑然不知受虐者经历的屈辱。常见的情况是，施虐者不管周围人愿不愿意，都会把他们变成他虐待行为的共犯。

简言之，想要从心理上攻击他人，就得：

- 讥笑他的信念、政治选择和喜好
- 不再直接对他说话
- 公开拿他开玩笑
- 在旁人面前让他丢脸
- 不给他任何表达意见的机会
- 用他的弱点捉弄他
- 刻薄地指桑骂槐却不肯解释
- 质疑他的评判力和决断力

利用矛盾

《孙子兵法》也教导我们，要打胜仗，就必须在开打前便分化敌军。“故善用兵者，屈人之兵而非战也……利而诱之，乱而取之，实而备之，强而避之，怒而挠之，卑而骄之，佚而劳之，亲而离之。”

精神虐待者在行动时企图动摇受虐者立足基础，以使其怀疑自己的想法与感受。受虐者失去自我存在感，不能思考、无法理解。虐待行为的目标是通过使对方的行动能力瘫痪并夺走他的人格来否定他的存在，以防范出现冲突。施虐者可以攻击，却不把对方完全击倒，以便对其予取予求。

他是用双重的禁制来达成目标的：口头上说一套，举止态度表达的却正好相反。明显的讯号与施虐者不肯承认的暗示形成了矛盾的信息。这是扰乱受虐者十分有效的招数。

矛盾信息的呈现方式是在日常生活中无关紧要的事情上种下疑心，最后受虐者的基础动摇，无法辨别谁对谁错。例如对伴侣提出的建议表示同意，却又露出不同意的表情，即意味着言不由衷。

话说出去后虽立即收回，但还是留下了痕迹，听者就会起疑："他真的是那个意思，真的说了那句话吗？还是我自己多心误会了？"受虐者要是说出心中疑虑，就会被指为疑神疑鬼，话都听错了。

矛盾最常发生在说话内容与表达方式不符的情况中，这种不一致会误导旁观者对两人的对话产生完全错误的理解。

另一种情况是不用明说，即能让对方感受到紧张和敌意。可能是施虐者用东西出气，如用力关门、乱砸东西，却否认是故意的。

充满矛盾的言论会让受虐者不知如何是好，不确定自己的立场是什么，便不免夸大自己的感受或为自己辩护。

相互抵触的信息不易追究。施虐者以混淆视听和制造不安为目标，使受虐者陷入矛盾的情绪和感觉，好让自己保持掌控地位。施虐者把受虐者推进尴尬不已的境地，务必让他永远站在错的一方。虽然之前已经提过，但仍要不厌其烦地强调：这种种计谋都是为了控制受虐者的感受和行为，甚至一定要让受虐者否定自己，把支配者的空位留给施虐者。

受虐者基于息事宁人的心态，通常会全盘接受施虐者所说的话，无视不断传来的非语言信号：“当我扬言要离家出走时，我丈夫说，他真的很在乎我们的关系。尽管他伤害我、羞辱我，这句话应该有几分真心在里面。”

与自恋的施虐者打交道不同于一般的冲突，你没办法真正与其“对打”，也不可能和解。他从来不会大声咆哮，只会露出冰冷的敌意，受虐者如果对此提出质疑，施虐者肯定不承认。受虐者则感到紧张、过度激动，甚至会气哭，此刻施虐者不免会取笑对方的怒气，并说两人的问题荒谬可笑。

即使争执白热化，再也掩盖不住，可受虐者还是不确定自己的立场，所以冲突的真正缘由从来都没有澄清。他始终觉得遭到排斥，并且积怨已深。可是模糊的印象、直觉和情绪该怎么表达？没有一件事能够说清楚。

这些扰乱技巧每个人都会使用，但施虐者的做法是有系统的，而且没有任何的补偿或歉疚。

施虐者以矛盾的信息妨碍沟通，受虐者不了解状况，便无法适当回应。受虐者拼命想要解决问题，却总是徒劳无功，到头来不管他多么坚强，还是免不了感到绝望或沮丧。

这种沟通对应着内在的向心力，于是有一段时间，双方关系会处于某种平衡。这种平衡避免了可能导致分手的因素，使痛苦的虐待关系保持一定程度的稳定。在其他情况下，受虐者别无选择，只能投降。

在虐待式的沟通中常出现微妙的信息，受虐者起初并不认为它们具有攻击性或破坏力，因为施虐者会同时传达其他信息，造成干扰。受虐者往往要到脱离精神虐待之后才恍然大悟。

> 她长大成人后才明白，十几岁时继父寄给她的沙滩裸女明信片有暧昧之意。继父在上面写着：“我经常想念你！”当时她以为那是父爱的表现，如今却感到愤怒。其他过去她不懂但感觉不舒服的信息，例如继父老盯着她的胸部或讲黄色笑话所代表的意图，也因为现在的认知而变得不言而喻。

这个被拉卡米耶界定为“准乱伦”的例子显示，精神虐待与性虐待的界线可能有多么模糊。这两种虐待均把受虐者当成物品。洗脑除了贬低对方的价值、否定其人格之外，也会影响周围的人，使他们看不清谁说了什么、做了什么。除了一定要让受虐者无所作为、默不作声，也必须使他的家人、同事、朋友完全处在状况之外。

转移罪恶感是另一种常见的情况，施虐者会把内疚的重担全部交由受虐者承担。受虐者向内投射的结果，是形成“都是我不好”症候群；施虐者则是以怪罪对方“都是他／她不对”的方式向外投射其罪恶感。

否定人格

施虐者对受虐者人格的侵蚀包括速写受虐者的一切优点，并一再强调对方毫无价值，直到他本人最后也相信这一点。

前面曾提到，这是经由台面下的非语言沟通策略达成的：轻蔑的表情、“实在太过分”的叹息、令人不安或有恶意的暗示、令人不快的刻薄话、伪装成幽默的间接批评，等等。

由于这类攻击不是直接的，所以人们几乎不可能认清真相，也就无从抵抗。自我意识脆弱、缺乏自信的人或是儿童听到这类贬抑的话，就容易将其吸收内化，以为那是事实。“你什么事都做不好。”“要是没有我在身边，谁会理你，少了我你只会孤零零的！”施虐者把受虐者吃得死死的，并用歪曲的事实欺骗对方。

受虐者一旦直接或间接听说自己一无是处，人格就会渐渐瓦解，以致让那种说法应验。由于施虐者表示那是事实，受虐者无法正确判断其真伪，自我便会跟着消失。

以矛盾、谎言以及其他手段对受虐者人格进行的否定与破坏还会从对象本身向外延伸至其家人、朋友和往来的圈子：“他认识的都是一堆蠢才！”

如此用尽心机的目的，就是使受虐者更严重地自我否定，并提高施虐者的自尊。

离间与征服

孙子又云：“死间者，为诳事于外，令吾闻知之而传于敌间也。”

自恋的施虐者很擅长挑起人与人之间的冲突，激起嫉妒与对立。他会用下列方式，得逞于无形之间：（1）迂回地引起怀疑：“你不觉得某某人是这样的吗？”（2）把张三批评李四的话透露给李四：“你的兄弟告诉我，他认为你做人很差。”（3）用谎言煽动他人敌对。

施虐者最大的乐趣就是有某甲要毁掉某乙，他看着那两人自相残杀，结果两败俱伤，而自己渔翁得利，绝对的优势更为加强。

在职场上这会转化为八卦、影射、偏袒特定员工以及赏罚不明。伤人于无形的谣言也由此而生，受虐者却找不出谣言从何而来。

在感情关系中，以暗示和影射制造怀疑与嫉妒，是使伴侣痛苦和更加依赖自己的有效招数。

莎士比亚四大悲剧之一的《奥赛罗》（*Othello*）讲的就是激起嫉妒的故事。剧中主人公奥赛罗本性并不善妒，他被形容为“高贵、慷慨，不相信世间有邪恶存在”。他没有仇恨心，连暴力也谈不上。但是伊阿古狡诈的操控使他变得善妒。奥赛罗很信任妻子黛丝德梦娜，也一样信任伊阿古，起初他无法想象妻子会对他不忠。伊阿古则在一段知名的独白中宣称，他喜欢为邪恶而邪恶。后来他承认，对于正直者卡西奥（奥赛罗的副手，被指与其妻有染）的“寻常之美”及黛丝的纯洁感到震惊，便起意要毁灭那美德与纯洁。他乐于当小人、搞阴谋。

挑起嫉妒也是施虐者坐稳主宰地位，看着受虐者又气又恨的招数之一。受害与加害的关系就是如此。施虐者主导一切，却不会“弄脏手”。基本上施虐者是心怀羡慕，通过引诱对方产生嫉妒而把受虐者拉到与自己同一水平的，想传达的信息是“你我半斤八两！”

我们常看到，受虐者不敢直接攻击施虐者，而以嫉妒来避免冲突，并始终想护着施虐者。在这种情况下，作为被施虐者利用的第三者也比当受虐者容易。

展现强势

施虐者的逻辑是弱肉强食，他强势的作风展现在言谈之间。施虐者企图给人一种印象：他懂得比较多，因此握有真理，而且是唯一的真理。他说话一言九鼎，好像放之四海皆准。施虐方“就是知道”他不会错，他想让受虐方信服，所以逼对方接受他的主张。譬如他不说“我不喜欢某某人”，而是说：“某某人是个蠢蛋。这是大家都公认的，连你也不会否认！”

他继续推论，把自己的主张说成是公认的前提。听者心想：“他说得应该不会错，他好像很有把握。”自恋的施虐者能吸引缺乏自信、认为别人懂得多的人。对于较脆弱的同伴，施虐者能给予相当程度的安全感。

这种自负、什么事情都有所预谋的心态，与偏执狂相距不远。偏执狂看轻他人的动机各有不同，但他们看人时总是看到消极面。这有时与对方的罩门或弱点有关，然而通常只是外在情况造成的巧合。

虐待行为达到主宰的过程是逐步实现的：受虐者先是屈服，然后被掌控，人格一块块瓦解。倘若对方反抗，施虐者更会坚定侵犯的意图和恶念。无论是哪种情况，施虐者都会发动以恐惧为武器的攻击，目的是令受虐者完全服从。受虐者必须照他的标准行事，想法也要得到他的认可，不能有自己的判断与批评。受虐者的存在只是为了扮演被指定的角色。施虐者要毁灭其人格，让对方失去自我，以抹去受虐者与自己之间的任何差异。

施虐者利用这种影响力为自身谋取优势，并以牺牲受虐者的权益作为代价。受虐者与他形成了一种依赖的关系，而这种依赖是他加诸对方并且由他一手造成的。每当自恋的施虐者表现出自己的依赖需求时，他的做法又必定不会让这种需要获得满足。一来可能是他的要求超出了对方的能力，于是他便利用这个机会指责对方一点也帮不上忙；二来也可能是他在对方无法回应其需求的时刻提出要求。他故意招来拒绝，这让他可以证明，人生正如他所料那般。

精神虐待不同于滥用权力或暴力虐待。暴力虐待是以强迫手段取得权力，其压制显而易见。对方明显握有权力，所以另一方得服从。至于直接滥用权力，则是为了操控与支配。

从爱因斯坦与第一任妻子的书信中，我们可以看到直接滥用权力的例子。他受不了妻子米列娃·玛丽克（Mileva Maric），也就是他两个孩子的母亲在身边，又不愿主动提分手，便定下严苛而侮辱人的共同生活规范：

A. 你应负责：

1. 我的内衣裤和床单要整整齐齐。

2. 准备我在办公室吃的一日三餐。

3. 我的卧室和办公室永保整洁，我的办公桌除了我谁也不能碰。

B. 你断绝与我的一切个人关系，除了为保持表面和乐所必要者。

你尤其不可要求：

1. 我在家里陪你同坐。

2. 我与你去旅游。

C. 你要明确保证遵守以下规定：

1. 勿期待我的爱，也勿因此责怪我。

2. 我对你说话时要立即回答我。

3. 在我要求时，你要马上离开我的房间和办公室，不可抗议。

4. 你保证不在孩子面前以言行诋毁我。

此处的滥用权力十分明显，甚至诉诸文字。而精神虐待的支配则是暗地里进行的，不会公开承认，并经常披着温文、仁慈的外衣。受虐者受虐却不自知，有时甚至以为控制权在自己手中。在精神虐待里绝不会有公开明显的冲突。暴力因施虐和受虐双方的关系而被严重扭曲，而在台面下暗潮汹涌。

第五章 精神虐待的其他阶段

受虐者若想抗拒被掌控，即会遭到仇视。在仇视阶段，原本仅作为具有利用价值而存在的受虐者，就变成了施虐者眼中不择手段必除之而后快的危险人物。施虐策略于是走上台面。

恨意表面化

当受虐者有所反应，企图恢复自己的人格，找回一点自由，仇恨阶段便会明显启动。受虐者的内在有某种东西被触动，让他说出："我受够了。"也许是外在因素使他意识到自己失去自由（有时是在目睹施虐者对他人施虐之后），也许是施虐者已另有潜在目标，而企图加重暴力以便赶走"现任"受虐者。

当受虐者看似想逃走时，施虐者就会感到恐慌狂怒，一发不可收拾。

当受虐者表达自我感受时，施虐者必会封住对方的口。

这是仇恨的极度暴力阶段，充满卑劣的打压和羞辱；受虐者处处遭受讥笑和嘲讽。施虐者以挖苦为盾牌，避开他最害怕的一件事：沟通。

受虐者想要沟通，就会疏于防备。他越不设防，越会遭到攻击，所受的苦也越多。施虐者无法忍受这种痛苦的场面，便会增强攻击的力道，好让受虐者噤声。只要受虐者露出弱点，马上就会被用来对付他。

在前一阶段恨意已然存在，只是经过了转移和掩饰，以维持关系这种僵化的平衡。如今一直暗藏于台面下的恨意终于浮现，毁灭计划具体成形。

与一般看法相反，这不是由爱生恨，而是因妒而恨。这也不是既爱又恨的状况，因为施虐者从未真正爱过。根据法国精神科医生莫里斯·厄尼（Maurice Hurni）与乔凡娜·斯托尔（Giovanna Stoll）的看法，虐待关系是一种对爱的仇视。首先，在这段关系中没有爱，只表露出欲求，欲求的对象并非受虐者本人，而是对方拥有而施虐者想据为己有的东西。其次是隐藏着恨，这与从受虐者身上无法满足所有欲求的挫折感有关。恨意一旦明示，就会连带产生毁灭受虐者人格的想法。就算随着时间流逝，施虐者也放不下他的恨。别人或许看不清他仇恨的动机，他自己却很清楚，因为对他而言事情就该如此。

他合理化恨意的方法，是怪罪受虐者压迫他，所以他是正当防卫。此时他与偏执狂一样，受一种被迫害的情结缠身——他预计别人会因防御机制而做出恶意侵犯行为。有任何差错都是别人不对，是那些人要阴谋诡计，联合起来对付他。

施虐者的恨反映出根据他的想象，受虐者对他有多少恨意，他把对方看作破坏性强、暴力、致命的怪兽。受虐者在此阶段还感受不到恨或怒，如果感受得到，至少可以先行自保。施虐者把最邪恶的意图安在对方身上，因预期对方会采取行动，所以先下手为强。受虐者在他看来永远心怀不轨。

把仇恨投射到他人身上，能够避免施虐者出现更严重的精神症状，同时也可以在建立新的关系时保护其不对新伴侣怀有不自觉的恨。把仇恨集中在前任伴侣的身上，便能将所有的美德加诸新人。当“被恨的”受虐者发现自己成为对方强化新关系的牺牲品，不免觉得再一次受到欺骗和操控。

自恋施虐者的世界分成好坏两半，待在坏的那一边没有帮助，然而分开与保持距离也缓和不了恨意。

在仇恨过程中，两方彼此惧怕：施虐者惧怕他认为受虐者拥有的强大力量；受虐者惧怕施虐者施加的心理暴力，有时甚至是肢体暴力。

虐待行为开始起效

这是冷酷的言语暴力，充满鄙视、隐藏的敌意以及高傲、伤人的侮辱。破坏效应来自看似无害且持续的攻击，一次又一次，受虐者明白那是永无止境的。每一次受辱都令人想起过去的羞辱，想忘都忘不了；受虐者只想忘记，施虐者却不容许。

表面上，外人看不出蛛丝马迹，或是几乎看不见，直至发生一次严重虐待行为，震惊了家人或工作单位。这种情况很少会发生肢体暴力，而施虐者通常是在受虐者出现过度明显的反应后才施暴的。这也使之成为完美犯罪。

精神威胁总是间接且经过遮掩的：通过（受其操纵的）共同友人或子女，施虐者确保让受虐者知道，不遵从自己的意愿会有什么后果。他也会寄信或打电话，这常被受虐者视为地雷或定时炸弹。

当前面谈过的台面下的暴力（勒索、恐吓、隐藏的威胁）掺杂真实的暴力行为（最严重的甚至是谋杀），精神暴力就陷入失控状态，因为施虐者甚至会间接杀人，或者更确切地说，致使受虐者自杀。

遇到危机或在情绪激动的时刻，施虐者的恨意不会明显表现，却一直存在，日复一日或每周数次的暗示让受虐者好几个月甚至好几年不得安宁。施虐者表达恨意的方式不是发脾气，而是以冰冷的语气陈述真相或明显的事实。他们知道该怎么施虐以及拿捏轻重，若感觉对方反抗就会暂退一步。

有目击者在场时，攻击会化成许多小动作。一旦受虐者掉入“挑拨”的陷阱而开始大声辩解，便显得是他在发脾气，而施虐者就可以假装自己是受虐者。

含沙射影往往针对两人才懂的事，只有受虐者心知肚明。常有法官在审理这类复杂的离婚官司时，尽管内心怀疑，也尽量小心谨慎，却仍会感到困扰甚至被操纵。

美国芝加哥大学精神医学系教授艾米尔·柯卡洛（Emil Coccaro）在一项关于侵犯的生物学研究中，称此为“掠夺式侵犯”（predatory aggression）。施虐者选定对象，像掠食性动物般纠缠其猎物，并预谋攻击。虐待行为因而成为施虐者得以达到目标的手段。

精神虐待的暴力是不对等的。所谓对等的暴力，是指对峙的双方均接受冲突并相互攻击。精神虐待则相反，施虐者自认地位优于受虐者，受虐者通常也同意此看法。法国精神科医生雷纳多·培洪（Reynaldo Perrone）称这种不对等的暴力为“惩罚式暴力”（punitive violence）。这种情况没有中止，也不会和解，被压抑和隐藏的暴力往往得关起门来进行，两个当事者都不会与外界讨论内情。施虐者认为受虐者是自取其辱，无权抱怨。要是对方有所反应，不再是顺服的“物品”，就会被视为具威胁性或攻击性。原本的施虐者扮演起受虐者的角色，让真正的受虐者因罪恶感而压抑自己的防御反应。受虐者每一个情绪性或受伤的反应都会带来更严重的精神暴力，或让施虐者转移操控的焦点（漠不关心、假装惊讶等）。

接下来的过程则交替循环：施虐者只要看见心怀怨恨的受虐者，便会升起冰冷的怒气，而受虐者只要一看到折磨他的人，就感到心惊胆战。

施虐者绝不放过他相中的猎物。他经常会做出这类公开宣示：“从此以后，我人生的唯一目标就是让对方活不下去。”然后他会致力于实现这个目标。

如此恶性循环一旦启动便无法自行停止，因为双方病态的关系只会持续下去：施虐者越来越暴力和过分，受虐者越来越无力和受伤。没有证据能够证明实际发生了什么。肢体暴力提供了外在证据：目击者、警方和验伤报告。精神虐待却不会留下证据。那是“干净”的暴力，谁也看不到任何痕迹。

受虐者被逼得走投无路

在前面的掌控阶段，自恋施虐者的主要行为是压制受虐者的思考能力。到下一阶段，施虐者会激起受虐者的感觉、行动和反应，而且是在他一连串的策略性指令下。

若受虐者以虐待式的防御策略“胜过”施虐者一筹，那这场战争只能在较不恶毒的一方投降时结束。

施虐者会设法让受虐者对他不利，以便指责对方为“恶人”，让对方成为挑起冲突的罪魁祸首。他利用受虐者的某个弱点，如性情忧郁、歇斯底里或喜怒无常，并把它过度夸大，让受虐者也认为自己有问题。施虐者逼迫对方犯错，然后大肆批评或诋毁对方，借以强化受虐者的不良自我形象和罪恶感。

若受虐者的失控不够严重，施虐者只要再注入一些挑拨和鄙夷，即可收到反应，然后再让对方为此蒙羞。例如，对方的反应若是愤怒，施虐者一定会让大家都看到，外人甚至还会觉得有必要报警。我们也看过施虐者如此怂恿受虐者的案例：“可怜的你，眼看人生无望，真不知道你为什么没有从窗户跳下去！”施虐者很容易在事后把受虐者描述成“精神有问题”。

受虐者感觉自己被逼到角落，他必须有所行动，但因受到对方掌控而无法行动，只能用极端的姿态或严重的情绪爆发来试图找回自由。在外人看来，任何冲动之举，尤其是暴力行为，都属于不正常的范畴。受到挑衅而回应的人好像应为引发的危机负责。这时，受虐者在施虐者眼里是有罪的，在外人眼中则如同施暴者，但外人并不了解，受虐者再也无法活在这种可怕的处境下。他进退维谷，无论怎么做都得不到自由：如果他有反应，就得为引爆的冲突负责；如果没有反应，对他心灵的致命纠缠就不会停止。

在把受虐者推向毁灭之际，施虐者从指摘其缺点或激起其暴力的行为中可以得到极大的乐趣。他让对方觉得自己低下而没有价值，并根据对方的反应，说他易怒或神经过敏、酗酒或有自杀倾向。受虐者感到无力自保，只能试图为自己开脱，仿佛他真的有罪似的。于是施虐者的乐趣加倍，他哄骗或羞辱受虐者，又在他受辱后摸摸他的鼻子。

受虐者无法摆脱罪恶感，施虐者却从中受益，让自己看起来像无辜受害的一方。

没有说出来，也没有责备，就无从辩解。

受虐者急欲为这可怕的僵局找到出路，不免也想要运用暗示与操控。于是两人的关系变得模糊不清：谁是施虐者，谁是受虐者？

对施虐者来说，理想的结果是成功把对方打入“邪恶”的一方，让邪恶变成常态，因为现在双方都是邪恶的了。他想把自身的坏注入对方，带坏受虐者是终极目标。他最大的满足在于逼被自己迫害的对象做坏事，或是玩得更大，让好几个人涉入，互相整垮彼此。

不管是性虐待还是精神虐待，施虐者都企图让对方与自己同流合污，扭曲既有的规则。他的破坏力，取决于在受虐者的家人、朋友或同事间散播多少不实的传言，让受虐者显得有多么“邪恶”，这时指责受虐者就合情合理了。有时他靠着嘲讽和藐视社会的道德观而得逞，甚至骗到同路人与其结盟。

未能把他人拉入暴力的领域，对施虐者而言是一大失败，所以这也是阻止精神虐待扩散的唯一途径。

第六章 施虐者

任何人在遇到危机时，都可能会运用虐待行为的策略来自卫。自恋的性格特征其实也相当普遍（自我中心、需要赞美、不容许批评等），但这些不见得是病态。更何况每个人恐怕都曾为取得优势而操控过别人，正如人人都有过一闪而过的想置人于死地的恨意。一般人与施虐者的差别在于，我们的虐待行为与感觉是短暂的，事后会后悔自责。神经过敏者会在乎自己周围的事，因此产生许多内在冲突。恶毒的施虐者则会利用别人再将其毁灭，并且丝毫没有罪恶感。

许多精神分析师认为，每个人内心都多少有点恶毒，这是我们为了自保产生的意识，但是反常的自恋者却只是为了满足自己的破坏冲动。

自恋的虐待行为

反常(perversion，源自拉丁语“per-vertere”，意为“返回、反转”)，最早在1444年进入法语，原意是“从好转坏”。今日公认的字义带有道德判断的含义。

19世纪时，精神科医生为了在医学法律层次上替行为反常的人卸除责任，又不想把这种人判定为精神病患，他们便把反常定义为出于本能的越轨情况，包括社会和道德两方面。

菲利普·皮内尔(Philippe Pinel,法国精神科医生,在他的努力下,精神病患获得了较人道的治疗)于1809年把与多种本能相关的病态,如反常、反社会行为、纵火狂、盗窃癖等重新归类到“非精神错乱之疯狂”项目下。

理查德·冯·克拉夫特艾宾（Richard on Krafft-Ebing，德国精神科医生）把反常的定义集中于“性变态”。

自恋一词与同性恋扯上关系，首次见于1910年弗洛伊德的主张。后来他把自恋分为原发及次发两种。原发型自恋的概念在精神分析的著作中有许多变型。

形容词“反常”（perverse）的含意暧昧，可指代两个名词：恶毒（perversity）及性变态（perversion）。用精神分析的观点看，性变态是与标准的性行为（以从阴道插入寻求达到性高潮的性交）有所偏差，而恶毒意指个性及行为残酷或怀有特定恶意。让·贝吉瑞（Jean Begeret，法国当代精神病学家）则对性格变态（即性情残酷者）与性变态进行了区分。

精神分析师拉卡米耶是最早阐述“恶毒自恋者”概念的专家之一。此外，艾伯托·恩古尔（Alberto Einguer，法国当代精神病学家）所下的定义是：“恶毒自恋者指在膨胀的自我影响之下企图与另一人建立联系，特别是为了打击对方的进行的带自恋意味的完整人格，这种做法的目的是卸除对方防御。他也打击对方的自爱、自信、自尊和自我信念。他同时想要让对方相信，是对方拼命抓着他不放，而这种依赖是无可取代的。”

自恋的施虐者被视为无症状的精神病患，他们把自己感觉不到的痛苦及拒绝承认的内在冲突加诸他人身上，借以取得平衡。他们这样做是因为没有别的生存方式。他们本身在童年时期受过伤害，于是这成为他们尝试生存下去的方式。牺牲他人，转嫁痛苦，可以使他们获得自信和自尊。

自恋性格

自恋者身上至少会出现以下几种征兆中的5种：

- 高估自己
- 对无限的成功与权力怀抱幻想
- 认为自己独一无二，“世间少有”
- 过度需要他人的赞美
- 认为一切都是别人欠自己的
- 利用有关系的人
- 缺乏同理心
- 经常羡慕他人
- 表现出骄傲自大的态度与行为方式

奥图·肯伯格（Otto Kernberg，美国精神分析师）对病态自恋行为的描述（1975）很接近我们当前的定义：

> 自恋者的主要性格特征是浮夸、极度自我中心、对他人完全缺乏同理心，却渴望赞美及肯定。这种病人极其嫉妒那些拥

有他缺乏的东西的人，或是活得很愉快的人。他不但没有深沉的爱的感觉，无法了解别人复杂的情感，自己本身的情感也只有单一层次，且来得快去得也快。他不能真正感受到悲伤、失落和哀悼，这种缺乏体验抑郁反应的能力是其性格构成的一个基本要素。假如他被遗弃或感到失望，表面上看可能是难过的，但是仔细检视，会发现那更像愤怒或怨恨加上报复的欲望，而不是因为失去所惜的人深感悲哀。

古罗马诗人奥维德笔下的自恋者因爱恋自己水中的倒影而溺死，自以为看着镜子就找到了自我。他的人生就是为了寻找映照在别人凝视里的自我。别人的存在并非独立个体，而只是一面镜子。自恋者是个空壳，不是真实的存在；他是个“假”人，制造假象以掩饰本身的空虚。他的宿命就是企图逃避死亡。因为他从未认识到自己是一个实体，而不得不建构一个镜子游戏，以给予自己存在的幻觉。就算镜子游戏像万花筒一样一再自我重复与加倍，他的主体性却只建立在虚无上。

从自恋转向虐待

没有主体的自恋者会吸附在别人身上，像水蛭那样吸走对方的生命之血。由于他无法进入真正的关系中，所以只能通过有害、恶意虐待的框架与他人建立关系。施虐者从他人的疑惑与痛苦中、无疑可以感受到极大且根本的快乐，他们也以压制和羞辱他人为乐。

虐待过程的根源始于自镜像里制造出的空虚的自我，如同模仿真人制造的机器人，拥有生命的形体与功能，却没有生命。性变态与恶意是这种空虚架构必然的结果。自恋者有如吸血鬼，需要另一个实体提供营养。当自我的生命不存在，你就会想去占有别人的，如果得不到，就干脆毁掉它，让大家同归于尽。

施虐者内心住着一个不可或缺的“他者”，这个“他者”并不代表施虐者真的有双重人格，而只是施虐者的反射镜像。也因为如此，受虐者会产生一种印象：自己的人格被否定，自己并非独立的个体，而是一面镜像。任何使这个镜像的概念遭到质疑的情况，或是揭露其虚空的真相，都会引发毁灭性盛怒的连锁反应。自恋的施虐者是个想在他者的镜子里找到自身影像却徒劳无功的反射机器。他感觉麻木，冷酷无情。机器怎么会有感情呢？这样自恋者就不会感到痛苦，有血有肉、真实存在的人才会痛苦。自恋者没有历史，因为他们是“不在场的”，唯有“在场的”人才会有历史。

自恋的施虐者若意识到自己的痛苦，或许有可能展开新生。那意味着截然不同的未来，以及为过往的生活方式画下句点。

自大狂

自恋的施虐者十分自大，一切善恶与真假的标准由他判定。旁人常以为他是道德的拥护者，高人一等，谨慎矜持。即使他不说一句话，也会令人自惭形秽。施虐者的价值观仿佛无懈可击，他谴责人性的邪恶，一方面骗过别人，另一方面也营造了良好的自我形象。

他希望别人对自己感兴趣，却对别人毫无兴趣，也没有同理心。他总认为自己是“被亏欠”的那一方。他批评所有人，从不承认自己有分毫的错误或责任。面对这个强大的对手，受虐者不免会变得软弱且容易出错。指出他人的缺点是一种避免看到自己缺点的好方法，还能武装自己，不必担心被他人看出哪里异常。

施虐者与人建立关系是为了引诱。别人常称赞他聪明、迷人。一旦鱼儿上钩，就必须让它待在那里，直到不再需要它为止。施虐者看不见也听不到他人的反应，对他而言，他人只需要“有用”。在他的逻辑世界里，并没有“尊重他人”的概念。

虐待的引诱过程不容许出现任何感受，因为虐待行为的基本原则就是避免情绪波动、不带任何感情，目的是排除意外或惊喜的感受。施虐者不关心他人是否有复杂的情绪。他不受其影响，既不在意他人，也不在意对方的不同之处，除非他觉得这种差异有可能扰乱他。受虐者的态度和思想必须与他对世界的印象一致，他完全否认受虐者的人格及其自我认同。

施虐者的力量来自无感。他不知良心不安为何物，所以不会内疚，也感受不到痛苦。他可以攻击却不受惩罚，受虐者即使试图自卫，采取应对精神虐待的防卫措施，以牙还牙，但毕竟会因为手段不高而感到力不从心。

施虐者可能会对某人、某个活动或想法显得相当热衷，但这只是表面上的。他感受不到真正的情绪，特别是抑郁或悲伤。他失望时心中会升起愤怒、怨恨以及报复心。这可以解释为什么他在分手后常会陷入毁灭性的暴怒中。施虐者觉得自恋的心理受到伤害（失败、受排斥）时，会感到有一股难以控制的报复企图。一般而言，脾气暴躁的人怒气也散得快，但是施虐者的愤怒与报复心态根深蒂固，不易消散，而且他会尽其所能地发泄。

恶意的施虐者与偏执狂相似，在感情上一定要与人保持足够的距离，绝不可对人动真情。其攻击之所以有效，在于无论受虐者或旁观者都难以想象，居然有人可以对别人遭受的痛苦丝毫不关心、不同情。

吸血鬼习性

施虐者不把伴侣当人看待，只是当成物品，而这个物品拥有他想窃取的特质。受他控制的人会提供生命能量作为他的营养。他为了占有这令人满足的养分，不惜侵入他人的心灵空间。

自恋的施虐者运用各种手段填补空虚。为了不看见这种空虚，他把自己投射在他的“对象”上。他表现的是“反常”的原始概念，他转身离开内在的空虚，同时非反常的部分则勇敢地面对空虚。因此，他的爱与恨都面对着一个充满母性的个体，即内在生命最显著的象征。自恋者需要用别人的血肉和实体来填补自己。可是他仍然得不到滋养，因为他的内在空无一物，根本无法捕捉并接收这一切，更遑论据为己有。这个实体反而会成为他的危险敌人，因为对方并未看见他的空虚。

面对看似拥有他所欠缺东西的人，自恋的施虐者会感到强烈的羡慕与嫉妒。据为己有的行为也可能发生于社交场合中，譬如施虐者想接近上流社会、某个艺术家或知识分子的团体，手段就是引诱一个对象帮助他打入这个令人崇拜或景仰的圈子。若自己的伴侣握有通往权力的管道，自然是一大优势。

这招若是成功，他会攻击伴侣的自尊与自信，以提升他的自我价值。他等于把对方的自恋与自我概念据为己有。

自恋的施虐者受幼年经历所累，一直无法发展成独立的个体，因而觊觎他人拥有成熟独立的性格，并能去实现自我。面对自身的空虚，他企图破坏周围人的幸福。他受困在僵化的防备意识中，见不得别人享有自由。因为他无法放松享受快乐，就想要阻止他人甚至是自己的子女享受发乎本性的快乐。他愤世嫉俗又缺少爱的能力，连单纯、自然的关系也维持不了。

自恋的施虐者要靠凌驾并毁灭他人产生优越感，才能接受自己。他的快乐就建筑在别人的痛苦上，他人的失败与不幸，帮助他取得自我肯定。

施虐者有一种明显的需求，对任何人、任何事都要进行批评，这样可以让他感觉自己“大权在握”：“如果别人没有价值，就表示我一定比较好。”

驱策他的动力是嫉妒。嫉妒是垂涎别人的快乐或优点，并怀恨生气。施虐者从一开始便产生虐待心态，那来自于他认为别人拥有而他欠缺的东西。这当然是主观的认知，他们有时会变得很不合常理甚至疯狂。

这类嫉妒有两个特征：一是自我中心，二是恶意以及渴望伤害嫉妒对象。这种情况有个前提，在面对拥有他所欣羡事物的人时，他会感到自我价值很低。嫉妒的施虐者讨厌看到受虐者在物质或精神上享有优势，他急于摧毁对方优势的心情大过自己也想拥有的心情。就算有一天他拥有那些优势，他也不会知道要怎么运用，因为他欠缺相关资源。为了填补内心的空洞，羞辱和贬损对方便足以消弭他与所嫉妒对象之间的差距，因此，遭嫉的受虐者往往被污蔑为有恶魔或是女巫的特征。

施虐者最羡慕的其实是他人的人生。别人的成功令他嫉妒，迫使他面对自己的失败感，他人对他的看法也总不如他自认为的优秀，没有事情如其所愿，一切都很复杂，简直糟透了。于是他把黑暗的世界观以及长期对人生的不满发泄到他人身上。他向身边人的热情泼冷水，极力想要证明这个世界很糟糕，他的伴侣很糟糕。他用悲观的态度把他人拖入忧郁，还为此责难对方。

受虐者的渴望和生命力突显了自恋者的缺陷。我们发现许多情况都出现在对母子间特殊联系的向往中，因此自恋者常选择精力充沛、热爱生命的人当作施虐的对象，好像想借此为自己汲取些许力量。征服和压制受虐者符合他的愿望，因为对方的依赖就是自己把对方据为己有的有力证据。

嫉妒的下一步就是占有。

施虐者想占有的优点很少是物质的，而都是别人偷不走但不易掌握的灵性的能力，例如生命之爱、敏感力、创造力、魅力、音乐或文学天赋。在操控之下，受虐者提出的构想就不再是自己的了，而是马上被施虐者接收。在有取有予、不会因妒恨而变得盲目的关系中，施虐者或许能学习到如何取得这些特质，前提是他必须谦逊以对，但是他无法做到。

精神虐待者有时会因为热恋对方而盗用对方的热情，不过更常见的是，因为对方拥有他热切向往的东西，他对对方产生了兴趣。你可以在施虐者身上看到狂热的迷恋，然后是残酷而无法挽回的拒斥。他身边的人想不通，怎么可能没有明显的理由，一瞬间爱就已经消失了。精神虐待者从最亲近的人身上吸取正能量，由此获得滋养与再生，之后却恩将仇报，将自己所有的负能量倾倒给他们。

受虐者慷慨付出，但是永远不够。自恋的精神施虐者从不能感受到真正的快乐，他总是以“受虐者”自居，总是责怪母亲（或母性移情对象）。施虐者攻击对方，是为了逃避自童年以来便产生的被迫害心态。在感情关系中，这种“我是受虐者”的姿态会吸引到乐于抚慰并疗愈他的伴侣，而且还不会怪罪于他。施虐者经常在分手后摆出遭遗弃的受虐者姿态，借此引诱新的伴侣——另一个治愈他的人。

缺乏责任感

施虐者没有真正的主体意识，因此自认不必负责。他心里没有别人，也没有自我。你不能依靠这种人，也抓不住他，一如旅居法国的美国诗人格特鲁德·斯泰因（Gertrude Stein）所言：“那里面空空如也。”施虐者因为自身遭遇怪罪别人时，并非在提出指控，而是在陈述简单的事实：他无须负责，所以责任必在别人身上。责怪别人，让别人当坏人，施虐者便可以摆脱责任。有任何差错一定是别人不对，施虐者从来没有责任，也从来不会有错。

他部署了一套防御机制来保护自己：绝不挺身而出，遇到困难或失败一定归咎于人。另一个有用的诡计是，即便小至日常生活琐事，面对对自己不利的证据时，仍要不断否定事实。痛苦和怀疑同样遭到施虐者的排斥，这些必须由他人承担。而纠缠与攻击他人则是他避开痛苦、悲伤和忧郁的手段。

做关于日常生活的决定对精神虐待者是件难事，他需要别人负起这个责任。他无法完全自主，得依赖别人，所以他会缠着伴侣不放，也害怕分手。尽管如此，他却认为是伴侣一心想要服从他。他拒绝承认自己的“依附”行为是出于自私自利，否则他可能因此得出负面的自我形象。这也可以解释他对过度好心且热忱的伴侣实际的虐待行为。但是伴侣若变得独立，就会被他认为怀有敌意且拒他于千里之外。

施虐者独处时会很不自在，充满无力感，急欲获得他人的支持与协助。他同样无法靠自己展开计划并独立行动。他会故意引来他人的拒绝，因为这可以证明他对人生的预言是对的。不过当一段关系结束时，他会连忙寻找可切实提供他所急需的帮助的新对象。

偏执

精神虐待者披着道德的外衣，对别人满口仁义道德，此特征与偏执狂性格类似。偏执狂性格的定义是：

- 自视甚高：态度骄傲，有优越感。
- 精神僵化：固执、狭隘、冷酷理智、难以表达正面情绪、看不起他人。
- 多疑：夸大对他人侵略心的恐惧，感觉受他人嫉妒和居心不良的伤害。
- 判断不当：把中性事件解读为针对自己。

不过不同于偏执狂，精神虐待者很熟悉社会生活的法则与规范，也习惯对其进行歪曲以求对自己有利。他天生爱挑战法律，目的在于证明伴侣的价值体系行不通，并把对方带往不道德的方向，让伴侣因此是非不明。

偏执狂用强迫手段取得控制权，精神虐待者则用诱骗手段，诱骗不成时便可诉诸暴力。这种暴力阶段本身即为偏执代偿失调的过程：对方很可怕，所以必须把他摧毁，而且要先下手为强。

前面提过，自恋的虐待行为是把所有坏事向外投射，以避免极大的痛苦。这也是一种避免精神崩溃的防御机制。施虐者在对他人的攻击中寻求庇护。心灵伤痛盖过了所有的罪恶感，并蛮横地转嫁到替罪羊身上；替罪羊变成垃圾桶，必须承受施虐者忍受不了的一切。

施虐者持续以破碎的形式活着，因为他从小就懂得将精神健全与受伤的部分隔绝开，以保护自己。世界分为好坏两半。把所有坏的部分投射给他人，可以让他的自我感觉更好，并保证相对稳定。施虐者自觉无力，所以会害怕想象中他人所拥有的力量。他近乎错乱而疯狂地认定他人怀有恶意，其实那只是他自身恶意的反射。

如果这个策略奏效，恨意投射到目标对象（即将成为猎物的人）身上，就能缓和内在紧张，使精神虐待者对外界表现出愉悦的态度。这足以解释，当人们得知身边以往形象良好的人居然做出虐待行为时，为何会大感讶异甚至拒绝接受。也因此，受虐者提出的证据往往令人难以置信。

第七章 受虐者

受虐者代为受过

受虐者之所以遭到虐待，是因为被施虐者选中并成为替罪羊，必须为所有不好的事负责。从此，他成为施虐的对象，替施虐者免除自我怀疑或抑郁。

受虐者并未犯下他为之付出代价的罪。可即使是目睹虐待行为的人也会怀疑他——以虐待行为发生的方式来看，似乎不可能有人是无辜的。外人往往也认为，受虐者无论有没有受害意识，若不是默许虐待行为，就是其共犯。

法裔美籍文学批评家、人类学家勒内·吉拉尔（RenéGirard）说，原始社会的集体敌对性制造出无差异的暴力状况，是经由仿效散播开来的，而且唯有在牺牲的仪式中才能找到出路——即通过将某个人或某一群人指责为应对暴力行为负责并将其驱逐（甚至是杀害）来完成。替罪羊之死解除了暴力，牺牲者也得以赎罪。时至今日，受虐者并不会得到救赎，而是被看成软弱无能，因为他们不再被视为无辜。我们常听说某人受害是因为原本就有那种倾向，不是生性懦弱，就是性格有缺陷。以下我们会看到，事实正好相反，受虐者通常是由于拥有正面特质，因施虐者想要据为己有才被选中。

为什么是他？

因为他人就在那里，因为不明的原因令人心烦。对施虐者而言，受虐者没有什么特别之处，都是可以替换的物品，正好在对或错的时间出现，犯下引诱自己的错误，有时则只是错在把一切看得太清楚。唯有受虐者在可被利用或是可被引诱时，施虐者才会感兴趣。他如果想要挣脱束缚，或是失去利用价值，就会成为施虐者憎恨的对象。

受虐者是谁不重要，因为他只是“物品”。然而施虐者会小心避开与其他自恋的施虐者或偏执狂作对的情况，因为他们太相像。如果施虐者与偏执狂联手出击，对被选中的受虐者的毁灭效应会加剧。在团体或组织内特别容易见到这种现象。在鼓掌叫好的观众面前羞辱或嘲笑某人，还有什么比这更有趣吗？施虐者在目击者的默许下施虐也不足为奇，目击者虽非实际的帮凶，却会感到不安，然后多少会被洗脑。

虐待攻击的本质，在于瞄准对方无力防御之处，也就是有缺陷或病态的地方。凡是暴露在外的弱点，施虐者都会锁定并打击。如同攀岩者钩附山坡的裂隙，施虐者也利用受虐者的缺陷，踩着它们前进。施虐者对于对方的弱点在哪里有很强的直觉，也找得到杀伤力最强的手法。在某些案例中，那些弱点可能正是受虐者不愿承认的，而施虐者的攻击便成为痛苦的真相揭露。被攻击的也可能是受虐者曾努力压抑或节制的症状，如今却因被攻击而死灰复燃。

虐待的暴力迫使受虐者面对自身缺点或是已遗忘的童年创伤，或者两者皆有。它搅起沉淀在每个人内心的死亡冲动。施虐者挖出受虐者的自毁种子，利用令人不安的沟通就能助长它的萌芽。这与施虐者的关系具有负面的镜像作用。正面的自我形象因此转变为不值得爱的形象。

指责受虐者是施虐者的共犯并不合理，因为一旦受到掌控，受虐者便失去采取其他行为的心理工具：他瘫痪了。他的被动参与并不会减少所受到的伤害。

有个受虐者说："如果我跟不爱我的人在一起，我要负部分责任；如果我被骗却看不出一点征兆，那与我的过去有关。可是后来分手过程的演变完全出乎意料，也难以应对。即使我现在明白，那种行为和心态不是针对我个人的，我仍觉得心灵遭受了严重打击，那是心理谋杀未遂的行为。"

受虐者既不是受虐狂，也没有忧郁症，但是施虐者会操纵他潜在的忧郁或被虐待倾向。

我们要如何区分因有被虐倾向而顺服，和因受虐而陷入深层忧郁的情况呢？

受虐者是受虐狂？

第一眼看去，最令人惊讶的是受虐者对现状的逆来顺受。

我们提到过，施虐者完全自说自话，否认受虐者有主观意识。我们甚至可以问，为何受虐者会接受他的言论甚至将其内化；为什么事实与言语不符，受虐者还是继续顺从？前面说过，受虐者是受到心理束缚的。他或许是颗有用的棋子，但那盘棋不见得是他自己想下的。

弗洛伊德把受虐狂分成三种形式：性欲、女性及道德。道德受虐狂是主动寻求失败和痛苦，以便满足受虐的需要。按照弗洛伊德的标准，从性格上说不但喜欢生命中充满的痛苦、紧张和障碍，也绝对少不了抱怨与悲观。他拙劣的行为导致失败和反感，他发现自己不可能享受生命的喜悦。其实，这个定义更适用于施虐者，反之，受虐者看来却是乐观而充满生命力的。

不过有很多心理学家认为，遭到虐待攻击的受虐者是秘密共犯，与折磨他的人建立了愉快的施虐受虐关系。

在性欲型施虐受虐关系里，双方以彼此的侵略性及敌意为乐。爱德华·阿尔比（Edward Albee）的舞台剧《谁害怕弗吉尼亚·伍尔夫》（*Who Afraid of Virginia Woolf, 1962*）巧妙地示范了这种行为。剧中存在着微妙的对称关系，每个人都付出了自己的代价，彼此也都知道，只要有意就能退出这场游戏。

反之，虐待行为是要消灭一切性欲迹象。性欲就是生命，所以必须侵蚀一切生命、欲望甚至反应的迹象，直至其完全消失。

片面虐待的关系不再势均力敌，取而代之的是一方支配另一方，受制者无力回应并停止挣扎。本书讨论对人格的实质攻击，主要原因即在此。先建立对受虐者的掌控，把说不的权力拿走，让他一切听命于人，没有商量余地。受虐者陷入受虐惨境，完全是违反他自身意愿的。当受虐狂的一面（这是每个人或多或少都有的）得到引发，他便发现自己陷入一种毁灭性的关系中，逃也逃不掉。施虐者逮到他的弱点，不管是天生还是因自发反应而产生的，他都“动弹不得”。“每个人都摇摆于想要独立、掌控与负责，又幼稚地需要恢复依赖、不负责任因而无辜的状态之间。”受虐者的基本错误，在于不曾怀疑或充分理解非语言信息的暴力。他只看信息的表面，未能去解读其中真正的含义。

受虐者被指有受虐倾向，想要被征服，这种说法立刻被施虐者拿来利用："是他喜欢并想要被虐待。"施虐者比受虐者更了解他的感受："我那样对待他是因为他太爱这样了。"

受虐倾向在现代社会中令人感到羞耻和罪恶。人们希望自己看起来很强势，什么都不怕。受虐者不只有羞耻和罪恶感，也为无法保护自己而惭愧。

受虐者和受虐狂的差别在于，当前者好不容易终于成功脱离苦海，会觉得轻松无比，大大地解脱。他对这种受苦本身没有兴趣。他是因为活力充沛，愿意付出，才长期落入施虐者的游戏中，甚至投入为施虐者付出生命的不可能的任务中："跟我在一起，他会改变的！"

受虐者的能量有其脆弱之处。尽管他把自己投入不会成功的"起死回生"任务中，却对本身的力量没有把握，于是行动方向也几乎毫无章法。由于自我怀疑及弱点外露，所以他必须证明自己强壮且能干。这使得他在引诱阶段特别容易上当，因为施虐者在此时会肯定他，让他感觉自己是有能力的。过了这个阶段，他的固执就会变得危险。他无法想象两人之间的问题得不到解决、对方不会改变的情形，因此不肯放弃施虐者。我们下面会谈到，他如果放弃伴侣，会感到内疚。

那么，为什么受虐倾向不出现在其他状况下，又为什么在受虐者与施虐者分开后就会消失呢？

受虐者的良心不安

施虐者攻击伴侣的重点，通常是罪恶感和缺乏自信。想要扰乱他人的情绪，使他不安，鼓动他的内疚和自我怀疑显然是有效的方式。在卡夫卡的长篇小说《审判》(*The Trial*)中，主人公约瑟夫被控犯罪，可是他却不知道自己犯了什么罪。他一直设法弄清指控的内容，明白被控什么罪行。到后来他却怀疑起自己的记忆来，最终说服自己相信他根本不是他自己。

理想的受虐者是有良心又天性爱责怪自己的人。这种行为在现象精神病学（phenomenological psychiatry）中众所周知，并被德国精神病学家胡贝图斯泰伦巴克（Hubertus Tellenbach）等人描述为“忧郁型性格”。这种人喜欢工作和关系都井然有序，会为最关爱的人奉献自己，却对接受别人的恩惠有所迟疑。注重秩序和有心行善，使他比一般人承担了更多工作，这令他感到心安，却也觉得为工作和责任耗尽了全力。

行为学家鲍里斯·西吕尔尼克(Boris Cyrulnik)的描述很贴切:“性格忧郁者常与无感者结婚。比较不敏感的这一半，沉着冷静地过着无情绪起伏的平凡日子，忧郁的另一半在无穷的内疚感影响下而颓丧，并承受各种忧虑，使他过得更安逸。另一半负责解决问题，维系两人生活，直到20年后的某一刻，忧郁者被无止境的牺牲榨干时，突然痛哭失声。他指控配偶夺走了两人人生的精华，只把残渣留给他。”

忧郁者把自己交给伴侣，任凭对方处置，借以赢得伴侣的爱；他也从可以为人所用并带给别人快乐中得到很大满足。自恋的施虐者便利用这点达到他的目的。

受虐者无法忍受误解和尴尬，想要澄清。当难处越积越多，他便加倍努力，却觉得因各种事件而疲于奔命，于是产生罪恶感，再接再厉却更加精疲力竭、效率低下，最后陷入恶性循环，罪恶感有增无减。他甚至还会指责自己："伴侣不快乐或者施虐，都是因为我不好。"事情一有差错，他就自动担下责任。如此过度夸大的良心谴责与害怕失败有关，而害怕与自责让他深受煎熬。

他同样易受别人的判断与批评所左右，即使其并无根据也一样，他会不断地替自己辩解。施虐者有感于这种弱点，很乐于灌输疑虑给他。"也许他对我的指控没有错，我是在不自觉中犯下错误的？"就算伴侣的指控不公平，他也无法确定自己到底对不对，于是他自问该不该干脆担下这个罪名。

加害与受害双方的行为都很极端。两人的关键机能均失去了平衡，施虐者是更加外露，受虐者则是更加内缩。

受虐者等于承担了对方的罪恶。他内化攻击他的虐待元素，包括表情、姿势、言语。通过投射作用，自恋的施虐者把自己的愧疚转嫁到受虐者身上。他只需要使用"否认"这一项武器，就能在攻击后制造怀疑。有些受虐者为了事后确认是否真的发生过虐待行为，会做好各种安排：保留信件副本、安排秘密证人或录下电话内容。

受虐者只要未被操控到出现罪恶感，通常都有办法弥补其潜在的自卑感。易于产生罪恶感与忧郁倾向有关，不过这不会导致死气沉沉的状态，如忧愁、疲惫或倦怠，反而会让人过于好动并在社交圈中互动频繁。

受虐者与自恋施虐者的邂逅，起初可以激励他克服忧郁。英国精神分析师玛苏德·可汗（Masud Khan）表示，忧郁的女性被动的本性使她容易陷入虐待关系："在我看来，施虐者的主动意志是种错觉，因为是受虐者被动地提出要求并赞同那个主动意志的。”虐待关系始于一种竞赛或智力竞争。你就像面对一场挑战——要求如此高的人会不会接受你为伴侣。于是忧郁的人“打起精神”，在这种关系中寻找刺激，通过选择如此难应付的伴侣或状况，让自己获得强烈的感受并提高自我价值。

我们可以说，潜在受虐者一方面有痛苦的敏感处——那或许与童年的创伤有关，另一方面又有很强的生命力。施虐者打击的不仅是他忧郁的部分，也包括生命力，他会试图掠夺受虐者感知到的生命力。

受虐者欠缺自恋倾向，所以他的怒气往往会被压抑或藏在心里，无法让他做出反应。

受虐者的力量

受虐者之所以会引起嫉妒，可能是因为对自身感受太无保留。他忍不住要表达，拥有某件事物的感觉是多么快乐，他不知道怎么避免得意忘形。在很多社会中盛行一种观念，贬低自己的物质或精神财富才是对的，反之则容易遭嫉。

在崇尚平等的社会，大家往往认为，嫉妒不分有意无意，都是由被嫉妒者引起的，比方有人被抢，必定是因为炫富。精神虐待理想的受虐者正是因为缺乏自信而觉得有义务要去做更多，好不计代价地展现出更好的自我形象。

所以受虐者的强大生命力，使他成为施虐者的猎物。

受虐者被迫付出，自恋的施虐者只管接受：这是多么理想的际遇。再来就是理想的组合：有一方拒不承担任何责任，另一方却天生爱揽责任。

为了让这场游戏玩得值得，受虐者必须合乎标准，也就是一开始要懂得如何抗拒，后来要知道怎么投降。

受虐者的天真

受虐者显得天真好骗。他无法想象施虐者有好破坏的本性，便试图为他寻找合理的解释，避免误会。“只要我解释，他就会明白并为自己的行为道歉。”没有虐待习性的人很难想象，从一开始就存在着深不见底的恶意与操控。

为了摆脱虐待式操控，受虐者想尽量坦诚并为自己辩护。当真诚者对多疑者开诚布公时，通常是后者占上风。受虐者把其行为的钥匙交给对方，只会使施虐者更看不起他。受虐者面对虐待攻击时，先是想要表现谅解，让自己去适应，甚至原谅对方，因为他爱或尊敬对方。“他那么做一定是因为不快乐，我会让他安心，把他治好。”母性的保护本能油然而生，他认为只有自己能懂得对方的行为，并且可以给他依靠，帮助他。受虐者有如传教士，自认能够理解、辩护和原谅一切。他相信只要好好谈一谈，就能找到解决办法，这反而让施虐者（拒绝参与任何形式的对话）牢牢地把他钳制住了。受虐者满怀希望，以为对方会改变，终会了解并后悔他造成的伤痛。他不停地冀望自己的解释和辩护可以消弭误会，且拒绝认清这个事实：在理智和感情上了解某种困境，并不表示就该因此容忍它。

精神虐待者始终固执僵化，受虐者的作为却像变色龙：调整适应，揣测施虐者对他（有意无意）的期待，承受不公平的责任。如果施虐者（父母、配偶或上司）过去曾得到受虐者的信任，则其操控的手段的效果会更好。而很奇怪，受虐者的原谅，以及强烈的感觉或恨意的缺乏，会让他们显得更有权力。受虐者如果出现撤守的反应："我不想玩这个游戏了！"攻击者便会无法忍受，并产生强烈的挫折感。受虐者此时便成为活生生的指责对象，只会增强攻击者的恨意。

易受控制的弱点经常来自童年。我们经常自问，受虐者为什么不反抗。我们看着他受苦，放弃自己的生命和人格，可是他仍然留在那种状况里，甚至害怕遭到遗弃。我们知道离开才能获救，但在走出童年的创伤之前，他无法采取行动。

瑞士心理学家爱丽丝·米勒曾指出，"为了孩子好"而扼杀他的自由发展，造成的压抑童年会瓦解其意志，导致他压抑真正的感受、创造力和反叛力。米勒表示，这会种下日后更为服从的种子，或是对个人（精神虐待者），或是对集体（参与帮派或极权政党）。幼年种下的因，使人在成年后易于被操控。

生长于压抑环境的人，若是能够以言语或愤怒情绪对羞辱和骚扰做出反应，长大后就会有能力保护自己不遭受精神虐待。

有些受虐者不仅了解，同时也能"看见"。他们以敏锐的观察力看出了施虐者的脆弱与不足。过去有位受虐者告诉我，只要他感觉伴侣在谈话中显得"异常"，他就会立刻停止沟通："我没理由被他仇恨，既不是因为我有多重要，也不是因为我多没尊严。"有些受虐者看到了对方病态的行为，了解了虐待行为的病态性质，当他们发现伴侣伪装的迹象时，就会敬而远之。

当受虐者可以清楚地说出凭直觉了解的状况，他就变成了危险的敌人，施虐者会想以恐怖的手段让他闭嘴。

第 三 部 分

精神虐待的后遗症与责任承担

第八章 "失去行动力"阶段的后果

与希区柯克式悬疑片类似，大卫·马梅（David Mamet）编导的《西班牙囚犯》（*The Spanish Prisoner*）中，情节走的是相同的方向：受虐者并不知道自己被操控，又有当暴力变得特别明显时，才在外力介入下看清谜团。剧中主人公的关系始于迷人而诱惑的气氛，结束于可怕的精神失常行为。不过施虐者留下的线索，直到时过境迁后才得以解释清楚，那时受虐者已部分脱离掌控，也了解被操控的过程了。

前面我们看到了受虐者是如何在第一阶段瘫痪的。在下一阶段，他会被毁灭。

退缩

一旦掌控关系确立后，在彼此不知情的情况下，两个"对立者"会退缩以避免冲突，施虐者以间接的小动作狡猾地进攻，不激起公开冲突便能扰得受虐者不安宁。受虐者则担心公然失和会让关系破裂，所以也会退一步忍让。

这些回避技巧使冲突行为暂时平息，对可能引发冲突的状况却是治标不治本。起初的退缩维持了两人的关系，但其代价是受虐者受到严重伤害。双方之间存在着不言而喻的盟约。精神虐待的受虐者以出自错觉的利他姿态，委曲求全地接受虐待行为。他即便抱怨伴侣的负面态度，也会理想化其性格的某些方面，比如他很聪明、是个好爸爸，等等。

由于受虐者肯屈从，两人关系便在此基础上无限延伸下去：其中一人越来越抑郁，人格被泯灭，另一人却越来越嚣张，对自己的掌控权越发有把握。

混乱

受虐者在完全被掌控后陷入混乱，他或是不敢或是不知该如何抱怨，仿佛被打了麻药，头昏脑胀，无法思考。他的人格确实遭到破坏，有部分已经丧失，内在的活力与自发性也变得麻木。虽然感觉受到了不公平待遇，却因为不知所措而无从回应。除非以其人之道还治其人之身，否则面对精神虐待者，最后的决定权不可能在受虐者手上。唯一的出路是归顺施虐者。

困惑会产生压力。生理上最大的压力来自失去行动能力且极端不确定的情况。受虐者常说，最大的痛苦不见得来自直接的虐待行为，而在于不确定自己是否要为受虐负部分责任。施虐者若撕下假面具，受虐者表示会感到安慰。

> 他说了这么多，我便相信他可能是对的，是我不正常和歇斯底里。他经常如此，有一天同样带着憎恨的眼光来找我，用冰冷的声音说，我对任何人都毫无价值，一无是处，我应该去自杀。那时我的邻居刚好在我家，而他没看到。她吓坏了，鼓励我去告

他。我为此放下心中的大石头。总算有人了解我的状况了。

这显示了不受任何一方影响的中立目击者在场的重要性。“失去行动力”实在很难描述，其症结在于它是慢慢形成的：先把受虐者的内在忍受度拉到极限，再瓦解这一限度。这让受虐者几乎不可能指出暴力及虐待行为的确切起始点。

在这场心理战中，受虐者的人格遭到严重创伤，自我认同也被侵蚀。他在自己和施虐者眼里已失去全部自尊，施虐者可以无所顾忌地丢弃他，因为他现在是个“空心人”。

怀疑

当暴力化暗为明，但仍在节制的伪装下时，它打击的是已在掌控阶段被麻痹、毫无防御力的心灵。接下来发生的事几乎令人匪夷所思。受虐者与最终目击者不敢相信自己亲眼所见，因为除非同样身为施虐者，否则没人能想象如此没有怜悯之心的暴行。你以为施虐者会感到内疚、难过或自责，但是他完全没有这些感觉。受虐者难以理解，整个人会崩溃；因为没有准备好接受这宛如晴天霹雳的事实，他不承认自己不解的真相。不可能发生那种事，因为那是不可能的！

受虐者虽在口头上否认，却感觉受到对方强烈的拒斥，他试图去了解并向自己解释，但不得要领。他找寻虐待行为发生的原因未果，信心全失，变得暴躁易怒。他频频自问：“我做错了什么，要受到如此对待？一定有什么原因。”他需要合逻辑的解释，可是虐待行为自行发展出的过程是不合逻辑的，仿佛与实际情况或与他们均无关联。受虐者经常问施虐者："告诉我，你对我有什么不满，告诉我，我该怎么做才能改善我们的关系。"他则强硬地回答："没什么好说的，事情就是这样。反正你什么都不懂。"无力感和挫折感是最糟的结果。

就算受虐者承认对发生的暴行也有责任，他也不是不知道，单是自己的出现便会成为暴行的理由。施虐者必然没错，罪责均由受虐者背负。脱离关系在此阶段几乎不是选项，因为先前的打击已牢牢埋下令人坐立难安的罪疚感。受虐者曾被指责犯了错，尽管那与事实无关，他还是负起维系关系的责任。他把受到的威胁攻击内化了。

周围的人也陷入混乱，很少有人知道该如何不带批评地提供援助，反而常加深受虐者的罪恶感。有时，旁人的解读严重失误，还会说出这样的话："你应该更加如何如何……你是不是在火上浇油？他如果那样，一定是因为你惹恼了他……"

我们这个社会把罪恶感视为消极情绪的：人不该精神堕落，人必须永远显得超脱。基于"无风不起浪"这句话，人们往往认为，会感到内疚一定是因为做了错事。在外人看来，造成受虐者愧疚感的并不是施虐者。

压力

强大无比的内在紧张，是屈从虐待行为必须付出的高昂代价：不许自己触怒对方，对方烦躁时要安抚他，强迫自己不做出反应。如此紧绷必然会带来压力。

有机体对压力的反应是进入警戒状态、分泌某些激素、免疫力降低以及神经递质修正。刚开始这些调整可以对抗外来攻击，不论其来源是什么。压力如果定时出现，个人也应付得了，一切就会回归正常。然而，当发生紧张情况的时间延长，或是间隔很短便重复发生，被触动的神经系统就会持续作用，使得受虐者的调适能力疲于应付。长期大量的激素调整，会导致慢性病的症状出现。

视个人的承受力而定，压力大的初期症状是心悸、闷压感、呼吸困难、疲倦、失眠、神经质、易怒、头痛、消化系统疾病、胃痛及焦虑等身心症状。压力危害的程度因人而异。专家长久以来都认为它与遗传因素有关，但是他们现在也知道，长期受虐者的易受害程度有可能逐渐累积。

冲动型的人对压力较敏感，而恶劣的施虐者好像对压力免疫。他借着让别人痛苦，释放本身的冲动。这种人通常不会罹患战争暴行引起的精神官能症，这种症状在越南战争中很常见。

施虐者把本身所有的问题都归咎于受虐者，借以逃避压力或内心痛苦。受虐者无路可逃，因为他不明白进行中的虐待过程。当矛盾层出不穷，他又抓不到证据，就没有一件事解释得通。他拼命想找出答案，却力不从心，反而使暴行加剧，自己身心俱疲，最终会危害神经腺体的功能。

由于虐待行为的压力持续很久（数月，有时数年），有机体的抵抗力会渐渐衰弱，继而出现慢性焦虑。鉴于上面提到的神经激素系统受到打击，便可能发生机能与器官失调。

经过一连串失败后，受虐者感到灰心，也预期灾难会再次降临；这加重了他的压力以及伺机而动的无望感。

长期压力可能表现为广泛性焦虑、恐惧或难以控制的恐慌，以及持续的紧绷和高度戒备状态。

恐惧

精神虐待者不管有没有达成目的，都会引起受虐者不想体验的强烈感受。处于这个阶段的受虐者都表示，自己陷入恐惧状态。他会不断“提高警觉”，对伴侣察言观色，看看他是否姿态僵硬，或者以冰冷的语气掩饰不明的攻击行为。他害怕伴侣的反应，还有自己不符合对方期待时的严厉或无情；他也预期会有伤人的言语、讽刺、轻蔑和鄙夷。

无论是什么情况，吓坏了的受虐者无论是否顺不顺服都不对。假如他顺服，施虐者——或许还有双方身边的人，会说他天生注定要受虐，要不然就会突显他“紧张兮兮”的精神状态。不管真相如何，双方关系失败以及所有其他的事都是他不好。

为避免这类攻击，受虐者会倾向于越来越客气并退让。他心存幻想，以为恨意会融化为爱与友好。可惜他没有那么幸运，因为对施虐者越宽大，受虐者就会被虐待得越惨。好心相待以及转过另一侧的脸给对方打，反而在某种程度上提高了受虐者的道德层次，自然又会激起暴力。要是受虐者因此怀恨在心，施虐者还会高兴，这正好应验了他所说的：“不是我恨他／她，而是他／她恨我。”

孤立

受虐者在面对所有虐待行为时都会感到孤单。要如何向外人诉说自己过去及现在所遭受的待遇？那些言语难以形容的暗中伤害与压迫——充满恨意的表情、非语言的暗示以及影射中显现的暴力要怎么解释给别人听？唯有受虐方才知道其中的痛苦。朋友怎么能想象得到会有这种事？就算他们愿意知道虐待行为的真相，也会感到难过与惊吓。通常连最接近虐待行为的人都不愿被牵扯进去：“我不想卷入那种事！”

受虐者怀疑自己的直觉，以为一定是自己大惊小怪。当攻击发生于目击者面前，一心护着伴侣的受虐者还会认为是对方一时反应过度，为避免火上加油，而出现为施虐者辩护的矛盾行为。

第九章

长期后果

创伤

受虐者意识到自己一直在受虐时会感到震惊。在那之前，他很可能信心满满，不曾起疑。即便有外人指出，他也拒绝承认自己屈从，或是过度容忍明显的不尊重。到这一刻，他才突然发现自己被操控了。

他深受创伤，不知该如何继续下去。他的世界崩溃了。这种创伤之所以后果深远，是因为他没有心理准备，完全出乎意料，施虐者的掌控已使他无力回应。在精神震撼后，他的身心均伤痛无比。有些受虐者描述说，仿佛身体真的遭到痛击或是受到剧烈的精神侵犯，以致信心全失，绝望难以承受："就像是胸部被捅了一刀。""他对我怒骂，非常可怕，我觉得自己像不支倒地的拳击手，并且还在继续挨打。"

令人惊讶的是，你极少看到生气或反抗行为，即使在受虐者决定分手后亦然。受虐者就算认清了那段不公平的经历，仍然无法反抗或通过发怒来解放自己。愤怒较晚才会出现，即使出现也因有所节制而收效有限。受虐者必须完全走出掌控的框架，才能真正体验具解脱作用的发怒。

受虐者一旦得知被操控的事实，就会感到受骗。而受骗、受虐以及未受尊重的相同感觉会一再重现。他太晚才发现自己是牺牲品，遭到玩弄，被迫失去尊严。以往对操控的反应令他感到惭愧："我应该早一点反应！”“为什么我丝毫没有察觉？”他突然意识到是自己半病态的顺从让施虐者得以施暴。

这种人有时会渴望报复，但更常见的是想要重生、重新获得自我认同的肯定。他们盼望对方道歉，但是施虐者不会这么做。假使有修补动作，也会很晚才出现，而且是来自同样被操控而加入虐待行为的目击者或被动的帮凶。

代偿失调

代偿失调包括心理防御等调节机制恶化或失灵。

经过掌控阶段而弱化的受虐者，如今觉得直接遭到攻击。人的抵抗力并非无限，它会逐渐消耗，导致心力枯竭。压力累积到一定程度后，调适技巧不再发挥作用，代偿机能就会减退，长期病痛也可能随之而来。

精神科医生通常见到的是代偿机能减退阶段的病人。他们有广泛性焦虑、忧郁或身心失调症。代偿机能减退可能导致较冲动的病人出现暴力行为。施虐者常以此作为其虐待行为的理由。

值此阶段，当我们建议在组织里受到精神虐待者请假时，令人意外的是，极少有人会同意。“如果我不去上班，情况只会更糟。他们会要我付出代价的！”恐惧让人对一切都逆来顺受。

忧郁与精疲力竭及压力过大有关。受虐者觉得空虚、倦怠、没有精神，对任何事都不感兴趣。他无法思考或集中心思于最普通的事物上。有时他会认真考虑自杀。在突然发现自己被骗，且所受的伤害永远得不到补偿时，自杀风险会更大。

倘若发生自杀或自杀未遂的事件，施虐者更会相信受虐者软弱、迷茫或疯狂，所以自己的所作所为称不上恶劣。施虐者在攻击之后有办法表现得堂堂正正，展示高道德标准和智慧；信任他的受虐者却美梦幻灭，一蹶不振。一般而言，生命中能够引发忧郁状态的不仅是悲伤或分手的经历，更包括理想的破灭。理想破灭比困境或险境更严重，会导致无用、无能或挫败感。遭羞辱或落入圈套的感觉同样会使人陷入忧郁。

受虐者处于被虐待或骚扰的情况下，又无法进行任何沟通，长期以往，焦虑便会像乌云般笼罩着受虐者，并且有持续的虐待行为滋养它。这种长期忧惧及预期祸事上身的心理往往需要医药控制。

有些受虐者的反应可能是身心失调：溃疡、心血管疾病、起疹子，等等。有人会身体虚弱，体重减轻。他们对精神上的打击似乎无感，但人格确实遭到了破坏，需要在身体上表现出来。

身心失调并非虐待行为的直接后果，而是源自受虐者的无力反应。他们无论怎么做都不对，无论怎么做都有罪。

还有一些人基于其个性或行为模式，会对虐待式的挑衅采取直接本能的回应。然而在公开场合歇斯底里或攻击施虐者不但不能替自己伸冤，反倒对受虐者不利，因为这会落人口实，施虐者会辩解：“我早就说过，那个人病得很严重！”

冲动式与掠夺式虐待行为可能激起暴力犯罪，不过冲动式的可能性更高。精神虐待者为证明受虐者是坏人，会越界去刺激对方采取暴力反应。法国导演弗朗西斯·吉罗（Francis Girod）的电影《付诸行动》（*Passagecte*，*1996* 年），讲述的便是一个可怕的施虐者一再刺激他的精神分析师，最后这名精神分析师将其杀死。此人把虐待游戏玩得淋漓尽致。有时受虐者会把暴力转向自己，于是就会自杀，因为这是摆脱施虐者的唯一办法。

另一个鲜为人知的创伤造成的病态是解离（dissociation），也可说是人格分裂。《精神疾病诊断与统计手册》第四版的定义是“正常整合功能的失调，如良心、记忆、辨识或对环境的认知等”。它是一种防御机制起作用的现象，因发生与正常情况出入极大的创伤事件而产生恐惧、痛苦或无力感，让心灵对象别无他法，只能进行扭曲或把它赶出意识。

解离区分出可忍受的与不可忍受的对象，并把不可忍受的部分逐出记忆。它过滤经验，从而减轻痛苦，为心灵提供一些保护。

解离现象会强化掌控的影响力，在治疗受虐者时应考虑到情况的严重性是加倍的。

分手

随着所面对的危险越来越清晰，受虐者可以有两种回应方式：

1. 投降并接受主宰，允许施虐者任意继续其毁灭性的破坏。
2. 为了解脱而反抗并争斗。

有些人受到太久或太强的掌控，无力逃跑或对抗。他有时会去看心理治疗师或精神科医生，可是马上就表示不想对现状做任何根本的改变。他只想“保留”自己的原状，让它“表面上好看”，不要有太多症状即可。他通常比较喜欢药物治疗，而非全面性的心理治疗。若忧郁持续，所开的药无效，医生也许会重提心理治疗。不过当虐待已根深蒂固，唯一的解决之道便是受虐者离开施虐者。

受虐者最常做出反应的时机，是在看到暴力手段被施加在另一人身上，或是可以找到盟友或某种形式的外援时。

如果双方分手，必定是受虐者离开，绝不会是施虐者。受虐者带着痛苦及内疚的情绪而去，因为自恋的施虐者会摆出遭遗弃的被害姿态，为其暴力寻找新借口。在分手的过程中，施虐者必然以受虐者自居，并利用受虐者急于终止折磨且愿意让步的心态，而不惜诉诸法律。在夫妻之间，勒索与压力可在两方面体现：子女和财务。在职场上，受虐者遭起诉的案例也不少，因为他们永远被认为是有过失的一方。不论在家庭还是职场上，施虐者大声叫嚷是自己受害，真正失去一切的却是受虐者。

后续发展

即使受虐者在分手期间与施虐者断绝所有接触，仍无法否认基本被贬为物品的那段人生经历对他造成的严重后果。所有的记忆或新事件，都会因为与那段时期及经历的关系而呈现不同的意义。

当受虐者离开施虐者时，那种解脱带给他一股兴奋感：“我终于可以呼吸了！”在初期的震撼过后，他会重拾对工作与休闲活动的兴趣、对世界与人群的好奇心，一切在过去因为依赖而消失的，现在都会重新出现。然而，新的人生并非一帆风顺。

有些精神虐待的受虐者有可怕但已得到控制的记忆，此外并未留下严重的心理后遗症，所以能够走出来。特别是虐待行为短暂并发生在家庭外的案例。这种受虐者经历了造成创伤的境遇，但接受了它令人不快的部分。

试图忘记往往会导致心理或身体的问题延后出现，仿佛痛苦成为留驻灵魂中的外来个体，而且很活跃，让受虐者影响不到它。

过去的虐待暴力仅留下浅浅的伤痕，并不会妨碍你过几近正常的生活。受虐者表面上未受心理伤害，但轻微的症状仍在；这些症状好像是为了掩盖曾经有过的真实经历。其中可能包括广泛性焦虑、慢性疲劳、失眠、头痛及身心失调疾病（湿疹、溃疡，等等）；特别普遍的是依赖行为（暴饮暴食、酗酒、滥用药物）。这类受虐者若去看内科，医生只会开镇定剂，因为他不提起受虐这一段往事，往日经历与当前病症就不会被联想在一起。

偶尔受虐者会事后抱怨说有无法控制的侵犯冲动。这可能是因为受虐期间无法保护自己，也可解释为暴力的转移。有些病人会显露一连串与创伤后应激障碍有关的症状，且符合创伤性神经官能症的定义。相关定义是第一次世界大战后发展出来的，研究者也曾对越南战争退伍军人做过进一步的研究。后来这种诊断也用于描述天灾、武装攻击及强暴造成的心理后果，直至近年来才用于与婚姻暴力相关的案例。

通常创伤后应邀障碍不会被与精神虐待受虐者联想在一起，因为前者仅限本身（或他人）的身体安全受到威胁者。不过法国被害人学专家克洛格（L.Crocq）认为，凡是遭到恐吓、虐待或诽谤的人都是心理创伤受害者。他们也像战争受害者一样，曾处于实质的“被围攻”状态，而不得不始终怀着戒心。

虐待和羞辱刻印在受虐者记忆中，通过影像和念头一再重现，有时会激起强烈的恐惧，深恐同样的情境可能立即复发，到晚上，这种感受和想法会引起失眠或梦魇。受虐者需要一吐心中郁结，可是一提起过去，就会产生与恐惧相似的身心失调症状：记忆力及专注力下降，暴饮暴食或没有胃口，抽更多烟及喝更多酒。

久而久之，因害怕面对施虐者及记忆中的创伤情境，受虐者会想办法不去碰令自己倍感压力的事，或避开任何引发相关痛苦的想法。受虐者借着保持距离，试图逃避记忆，这会导致其对以往重要活动的兴趣降低，以及对感情范围设限。与此同时，睡眠问题和高度戒心仍然持续。

几乎所有的精神虐待受虐者都表示，痛苦的过去仍历历在目，但是有人会借着参与外界活动，不论是工作或做慈善，让自己走出来。

经过相当长的时间，痛苦的经历虽然忘不了，却也不再那么深植于心中。受虐者说，10 年或 20 年后，再看到施虐者的样子仍会觉得难受，即便自己现在过着充实、满意的生活，过去的记忆依旧会带来强烈的痛苦。人际关系中丝毫虐待的迹象都会使他们避之唯恐不及，因为创伤已在其身上发展出超敏感的天线。

企业组织中的受虐者经常在请假很久，公司要求他回去上班后，才察觉受虐的长期后果。恢复工作将再次引发症状：焦虑、失眠、悲观，于是病人落入无法根治的恶性循环：请假、销假上班、旧病复发……很可能无法再返回职场。

受虐者如果无法卸下控制的枷锁，其人生将停顿于创伤的那一刻：他了无生气，生活没有乐趣，个人的主动精神消失殆尽。他抱怨遭到冤枉和打击，变得尖酸刻薄、爱发脾气，远离社交生活，只窝在自己愤世嫉俗的世界里。这类受虐者一再重提自身悲惨的遭遇，让身边的人很受不了："那是多久以前的历史了。你应该想想别的事！"

不论是家庭还是企业组织的受虐者，一般很少要求报复。尽管他们的受虐不可能获得补偿，但确实希望自身的经历能被承认。在工作上，金钱赔偿几乎弥补不了他们忍受的痛苦。希望精神虐待者自责或表示后悔也是缘木求鱼，对这种人来说别人受的苦一点也不要紧。往往只有沉默的旁观者及共犯会忏悔，唯独他们有可能表达悔意，并还给受虐者其应有的尊严。

第十章 针对夫妻与家庭的实用建议

我们永远赢不过施虐者，但是我们可以从自身着手。

受虐者可能会为保护自己而欲诉诸与施虐者相同的手段，且这种诱惑十分强大。不过受虐者并没有那么恶毒，也很难看出有什么办法可以扭转情势。我们强烈建议受虐者不要自暴自弃。基本上，法律干预是唯一的解决途径。

调整应对方式

首先，受虐者应认清虐待的过程，并明白自己为婚姻或家庭的冲突负全部责任是不合理的，再来是冷静客观地分析问题，把罪恶感摆在一边。受虐者必须放弃容忍到底的理想，并承认所爱或曾经爱过的人的性格中显露出了对自己而言很危险的部分，所以自己必须自卫，不要为其所害。

在亲子领域，母亲或父亲也必须学着去辨别对子女直接或间接有害的人物，尤其当此人是近亲时并不容易发现。

只要尚未脱离施虐者的掌控，或不管对施虐者曾有或仍有感情，只要还未能接受他是危险而邪恶的事实，受虐者便无力自我防御。

一旦受虐者退出游戏，就会引得施虐者火力全开，行为激化，企图让受虐者犯错。此时受虐者可以采取以子之矛攻子之盾的方式，运用施虐者的策略，在他的游戏里打败他。这难道是说，受虐者应该采取虐待的手段来自卫吗？不，这个危险的陷阱必须不计一切代价去避免。施虐者的终极目标是污染受虐者，使他成为“坏”人，所以唯一可行的制胜之道，就是不与他同流合污。有鉴于此，了解其手法和行为模式，对瓦解虐待行为来说是相当重要的。

在遭到精神虐待者的折磨时，要遵守一个基本原则：停止为自己辩解。辩解的诱惑很大，因为施虐者的言语中充斥着以最大恶意说出的谎言。任何解释和辩护只会使受虐者陷得更深。只要有一点说不清楚或者说得不对，即使是出于好意，都可能被施虐者拿来，对受虐者不利。受虐者一旦上了施虐者的火线，不论说什么都会被当作武器弹药。此时，沉默是金。

在施虐者看来，受虐者必定是错的，至少他的一切言行都值得怀疑，且居心不良，满口谎言。施虐者无法想象有人会不说谎。

在虐待过程的前几个阶段可以让受虐者认清，对话和解释毫无用处。万一要直接接触，给自己时间思考适当的回应很重要，不过通常来讲，有第三者在场是最好的办法。通过第三者，间接接触，可以让受虐者争取时间想出正确的回复方式。

当两人分开后，虐待行为若通过电话继续，受虐者可以换号码或把答录机一直开着。信件也许应该请别人帮忙拆阅，因为旨在虐待的信件会再次带来少量的毒药和痛苦，从而重新引起受虐者不安。

行动

由于受到掌控，受虐者到目前为止一直过度委曲求全，现在必须改变策略，坚决行动，不畏冲突。受虐者的决心会逼得施虐者摊牌。此时受虐者的态度有任何改变，通常都会引起连番而来的虐待行为和挑衅。施虐者想要增加他的愧疚感："你根本没有同情心。""你这个人没办法沟通。"

受虐者不再无力行动，他可以打破恶性循环。把危机摊在众人面前，也许因此看起来像施虐者，可是他别无选择，因为这是促成改变的唯一方法。受虐者引发的危机有如地震时的天摇地动，可以给自己一个逃出魔掌控制的机会，并展开新的生活。唯有如此才可能达成妥协或找出可行的解决之道。让危机拖得越久，真正爆发时的情况就会越糟糕。

心理对抗

为了从心理上对抗虐待行为，支持是不可或缺的。有时只要有一个人表达信任，无论在什么情况下，都能使受虐者重获信心。然而受虐者并非总会相信周围最亲近的亲朋好友，或是想要调停者的意见，因为最接近虐待行为的人不可能保持中立。他本身通常会失去判断力，摇摆不定，或受到影响而偏向某一边。家庭中的精神虐待可以让人快速认清谁的友谊才值得信赖。有些人看似与受虐者很亲密，却抵挡不了施虐者的操纵，而怀疑起受虐者或指责他。有些人不了解内情，选择避免卷入是非。真正有价值的支持来自于懂得重点在陪伴、提供帮助、不做评判的人，这种人不论发生什么事都会诚实地面对自己。

法律介入

有些案例只能靠法律干预才能得以解决。客观地运用法律，可以让外人看清事实真相，并向虐待行为说不。

法律判决往往唯有以证据做后盾才能达成。被打伤的妇女可以出示伤痕或验伤单，若因自卫而还击，那是合法的；遭羞辱而精神受伤的妇女，提不出确切的证据，不免有苦难申。

当精神受虐者决定与加害人分手时，应该设法让虐待行为发生在第三者面前，而且此人要愿意作证。受虐者也必须保留所有书面证据，若能够证明污蔑中伤、羞辱贬抑或感情疏离，便可以为离婚理由加码。

在这部分，未婚的情侣问题较为复杂。只有当攻击行为构成犯罪时，法律才能介入。

受虐者若也以暴制暴，对于要不要上法庭就会有所迟疑。然而若是能够证明自己受到挑衅，便可为自己争取更有利的地位。

法官在审理虐待操纵案时可能非常小心。他担心自己被操纵，为确保不偏袒任何一方，便会不惜代价希望双方和解，结果导致太晚采取措施而产生不利的影响。谈和解时，若中间人并非故意但无知地成为帮凶，同样会发生暗中动摇受虐者信任的情况。想与施虐者展开真正的对话实属痴心妄想，因为施虐者总是懂得要手段，并会利用调解过程进一步破坏受虐者的形象。和解绝不能以损害任何一方的代价来达成。受虐者已深受其害，不能再要求他做更多让步。

为了保护受虐者不因直接或间接挑衅而做出不当反应，唯一的做法就是采取严格的法律措施，并避免双方有任何接触。精神虐待案若牵涉到子女，尤其是他们也遭到操控时，受虐者必须先救自己，才能去保护子女远离虐待关系。受虐者必须克服子女的排斥或犹豫，因为子女宁愿一切维持原状。在法律方面则必须采取保护措施，以避免任何可能重启虐待关系的接触。

第十一章 针对职场的实用建议

调整应对方式

认识精神虐待的过程，并在情况允许时加以分析，这一点非常重要。假如你觉得某个人或不止一人持续的敌意在很长一段时间内使你的尊严或心理受到伤害，这极可能就是精神虐待。

理想的对策是尽快应对以免落得辞职走人的下场，这是唯一解决困境的办法。

在首次发现精神虐待的迹象时，最要紧的是记下任何形式的挑衅或攻击。然而就像家庭里的精神虐待，在职场上想要保护自己的难处，也在于缺乏明确的证据。受虐者因此必须搜集所有的虐待征兆和迹象，写下对所受虐待行为的描述，复印任何可能为自己辩护的证据。

目击证人的参与也有帮助。可惜在发生精神虐待的职场上，同事往往会因害怕遭到报复而与受虐者撇清关系；此外，当施虐者瞄准猎物时，周围人通常是隔岸观火，不会插手。不过只要有一个目击证人，多半已足够使受虐者的指控得到采信。

在公司内求助

为及早有效地打击虐待行为，受虐者首先必须在组织内求助。

我们太常看到，员工只在麻烦已经上身、公司决定解雇他后才有反应。当情势恶化至此，便可能很难找到助力扭转一切了，因为那意味着即使撇开虐待行为的始作俑者，连部门的高层主管也无法有效地处理问题了。若在直属单位中得不到道德援助，就必须向组织内的其他地方求援。

在企业内部寻求支援的过程中，受虐员工若是可以找到懂得聆听的人，就能脱离精神虐待，而一旦虐待行为成为既定事实，便代表受虐者欠缺这份幸运，想逃脱便会困难许多。

在规模够大的公司，你一定要先向人力部门求援。可惜人力部门的主管在处理行政及法律事务方面所受的训练往往比处理员工之间沟通问题的要多得多。组织要求每个成员做出绩效，人力部门的人员也不例外。精神虐待的问题无法量化，也很难具体表述，因此常遭回避或搁置。

如果人力部门主管不愿或不能帮忙，受虐者应去找公司的医生。他们可先协助受虐者清楚地说出问题并完成记录，然后根据这份记录，并在医生的探访中，让组织内的其他员工与相关负责人员明白精神虐待关系的严重后果。医生唯有得到公司高层的信任与信赖，并且十分了解相关各方，才可能扮演好中间人的角色。在大多数案例中，不安的受虐者太晚才向公司的医生求助，医生除了给予医疗处置、建议病假或停职，难有其他作为。医生的地位敏感，因为他的评估可能对受虐者造成重大影响。许多受虐者不敢去找公司医生，因为他们认为公司医生也是领薪水的员工，所以无法百分之百确定他的专业判断是否受直接或间接施虐的组织影响。

心理对抗

一个人必须心理健全才能保护自己，而不至于处于劣势。前面提过，精神虐待的第一阶段就是让受虐者感到不安。所以受虐者一定要去看精神科医生或心理医生，以确保有力量保护自己。为消除压力和压力对健康的不良影响，唯一的办法也许是不去上班。很多受虐者起先拒绝这么做，因为害怕请假只会使冲突更严重。如果受虐者有抑郁症，抗抑郁的药物便必不可少。只有完全准备好为自卫而反击时，才可以恢复工作。这或许需要请相当长的假（有时达数月之久），最后变成长期病假。

有个受虐者崩溃了。医生诊断她因抑郁症必须请假，那正中施虐者和公司管理层的下怀。当她表示不想再继续请假时，管理层却建议她延长。医生拒绝配合，他认为问题与工作有关，应该由员工和公司协调解决。后来受虐者回到工作岗位上，却被责怪没有照顾好自己。

另一个受虐者被主管骚扰及虐待好几个月后获准请假，她每次回来上班便会旧疾复发。最后她实在受不了主管的威胁，只有诉诸法律。主管为避免遭仲裁委员会的控告，同意付受害员工遣散费，可是必要的公文作业却拖拖拉拉。此时还在请假中的受虐者情况好转了。在等候遣散生效的期间，她应该恢复工作吗？医疗顾问判定她不该回去。医疗顾问为保护受虐者，宁可让她请假到公司解雇她时。

由于施虐者的游戏是以引起愤怒、制造混乱不安来挑衅受虐者，使对方犯错，陷他于不义，所以受虐者务必学会反抗。处于受虐状况中，屈服比反抗以及冒险引发冲突来得容易。不论感受如何，我建议受虐者尽量表现出不在意，保持微笑并幽默地回应，不要冷言冷语或语带嘲讽。你必须把持住，不要加入施虐者的游戏。让施虐者说他想说的话，自己则保持冷静镇定，同时记下所有的虐待行为，为将来的辩护做好准备。

为维护个人的职业信誉，受虐者切不可让人挑出毛病。即便施虐者不是顶头上司，也会有探照灯照在自己身上。管理层为能了解状况，会注意并观察受虐者。若工作中有些许失误或迟到情况，就会被视为他要对虐待过程负责的证明。

受虐者必须学着保持戒心，不要太相信别人，办公桌抽屉要上锁，即使是出去吃午餐，也要随身携带工作日志和正在处理的重要档案。受虐者自然不愿这么做。常见的案例是，只有在情况恶化演变为百分之百的危机时，受虐者才会为提交仲裁委员会而准备替自己辩护的档案。

为恢复判断及独立思考的能力，受虐者应该在情况许可下以有系统的方式过滤与施虐者的沟通。这可以使他更理智地看清现实，正确掌握信息的含义，有必要时进行精准解读，避免接收任何影射及暗示。

这种行为模式假设受虐者能够保持冷静。他必须学着不回应施虐者的挑衅，这对于因容易冲动而被选为对象的人来说可能很难办到。受虐者必须放弃平常的行为模式，韬光养晦，等待时机。他要深信自己是对的，而且他的问题迟早会被注意到，这一点非常重要。

行动

在家里你要停止自我辩解，才能摆脱施虐者的掌控，但我对职场虐待案的建议相反，在职场上，你必须不厌其烦地回应对自己不利的沟通。为预防虐待行为发生，你不能让命令或指示中存在任何模糊暧昧，并要明确不确定之处。如果还是有疑虑，做员工的应要求在正式的面谈中获得解释。若遭到拒绝，则须提出书面请求，这可在日后发生冲突时作为两人之间缺乏对话的证据。宁可让别人认为你多疑甚至是偏执，也不要被抓到把柄。要是施虐者对这种反转感到担忧，并知道受虐者将来会采取行动来反抗他的恶劣手段，那并不是坏事。

有时，当受虐者自认受虐情况解决无望，或是害怕被解雇，会求助于工会或人事部门。工会一旦介入就等于公开宣战，在受虐者离职前就一定得谈出和解方案。人事代理人层次的调解恐怕不易成功，因为他们较习惯处理求偿案，而非听取和调解精神虐待与骚扰案。

法国法律允许员工在初步仲裁面谈时由他选定的人陪同参加，此人可能是工会代表，或来自外面工会、愿为其他小公司员工辩护的人事顾问。在虐待案中很重要的是，陪同者必须是受虐者完全信任的人，而且受虐者知道他是不会受到操控的。

空手走人会便宜了施虐者。假如受虐者一心离开，而且此时辞职是自保之道，就必须力争公司好好地依规定处理离职事项。

针对无合法专业理由可解雇的案例，雇主可用“无法相处”为理由。这么做必须有确凿的事实为证明，特别是对工龄长的员工，否则仲裁委员不会受理，所以用到的机会很少，除非有众多具体的指控针对单一个人，且由整个部门提出。

未能终止虐待过程的雇主，其管理层不太可能主动提出和解，所以提出的责任就在受虐员工身上，可借由工会或律师的协助来进行。

法律介入

目前没有禁止精神虐待的法律，因此很难把雇主送上法庭，而且打官司无论如何都是个冗长而辛苦的过程。

不过联合国大会曾通过决议，修正关于犯罪暨滥用权力受虐者的基本正义原则，其中把滥用权力受虐者定义为“系指个别或集体遭受侵害，特别指伤及身体或心理健康，造成道德痛苦、物质损失，或因作为或不作为而严重损及其基本权益，但尚未构成违反国家刑法却代表违反有关人权的国际公认标准”。

法国的工作法不保护精神虐待受虐者，只在关于雇主惩戒权的法律条文附录中提到暧昧的“行为不当”一词：“原则上，此处针对的行为类别，若涉及员工私生活，则非解雇的正当理由。但相关指控若能够在组织内造成问题，则不在此限。若员工一再对女同事有不当行为，将可因严重事由合法解雇。”

瑞士自 1993 年起明确将企业组织内的精神虐待定为犯罪。德国、意大利、澳大利亚也认定其为犯罪。美国已有很多州（包括纽约州）通过一项立法案，规定：“故意或任意以极端且过分的行为造成他人严重精神抑郁者，须为此精神抑郁现象负责，若因而伤及对方身体，亦应为此身体伤害负责。”瑞士联邦宪法中针对私人企业组织的有关卫生措施及保护健康的部分，以及该法第 328 条有关保护健康及员工自主性的义务中明确表示：“雇主须采取一切必要措施，确保并改进对健康之保护，并保障员工身心健全……打击危及受虐者身心健康之虐待行为。”

不过若施虐者是雇主，有系统地滥用权力威吓受雇员工，就必须以法律制止他，尤其是涉及身体或性暴力等情况。施虐者不愿与员工直接对簿公堂，势必要避免诉诸法律。他有所畏惧，因此可以谈解雇的条件。施虐者其实害怕可能将其行径公之于世的审判。他会先用胁迫手段让受虐者噤声，如果此举行不通则转向谈判，并假装是心态扭曲的狡诈员工想对他不利。

道德虐待的杀伤力极强，想要遏制它很难。假如个人及组织不设法让社会重视礼貌并尊重他人，就有必要仿效处理性虐待的模式，针对精神虐待立法。

据我所知，目前并无专为精神虐待受虐者提供建议及协助的组织。

应对性骚扰

自 1992 年起，性骚扰在法国成为刑事犯罪，也违反了《工作法》。法律禁止员工因屈从于或拒绝性骚扰行为而被警告或解雇。

法国《工作法》第 21 条仅针对滥用权力的性骚扰有所规定：“雇主、雇主代表或任何其他人滥用职位赋予的权威，对员工发号施令、扬言威胁、施加限制或任何种类的压力，而期待其本人或第三者获得带有本质与性有关的好处时，该员工不得因屈服于或拒绝此种虐待行为而遭处罚或解雇。”

由此可见，法国法律仅禁止一种勒索式的性骚扰，然而实际上有必要对这类行为一概禁止。

在法国，诉诸法律程序遇到的阻力很大，因为受虐者会遭遇种种阻挠。即使与性有关，即使证据确凿，虐待行为也不会受到重视。就像处理性侵事件，阻挠可能从警方拒绝受理报案，到法官判定证据不足。这类案件的档案也常被标示为“中断”或“不得重启”。

性骚扰是世界性的问题。在日本，邀请重要客户去酒吧、高级餐厅或“无内裤俱乐部”（女招待迷你裙下什么都不穿）已成习俗，连女性高层主管也不例外，性骚扰的投诉随之倍增。在法国，1999年4月通过的《职场性别平等法》提供了制裁性骚扰的解决方案。与其嘲笑美国人太过热衷于打性骚扰官司，不如制订预防性骚扰的政策，并在职场上实现对个人的尊重。

采取预防措施

当对话终止，受虐者有苦无处诉，此时虐待行为便是既成事实，所以预防的意义在于重启对话及真正的沟通。在此情况下，企业组织内的医疗专家就扮演着重要的角色。他可以应管理层的要求，召开多方参与的会议，设法解决问题。员工超过50人的组织，可成立关于工作环境、卫生及安全的委员会。在此架构下，管理层、人事代表和医疗顾问可以合作介入。可惜这类协作的例子，通常只有在可能造成身体伤害或与工作模式有关时，才会启动。

预防工作也应包含教育管理者，让他们了解除了员工的生产力，同样也要重视人性部分。企业内部的教育训练可在受过被害人学训练的精神科医生或心理治疗师的专业指导下，让职责所在者学习进行“元沟通”（meta-communicate），即针对沟通本身交换意见，从而得知在虐待行为过程开始前该如何介入。其方式是找出受虐者什么地方令施虐者恼怒，反之也让施虐者确实“听见”受虐者强烈表达的感受。而一旦虐待过程开始，就来不及了。工会成员懂得如何在解雇案中谈判求偿，但对人际相处的理解往往没有那么驾轻就熟。何不就像训练人事主管一样教导他们，并提供理解人际关系的必要工具，以便在虐待行为恶化到解雇之前的任何时刻都能先介入？

我们盼望在私人和公共组织的政策中都有针对精神虐待的保护条款，同时在职场上遵守严格的法律标准。

预防最重要的意义是为受虐者、员工及组织提供资讯，让大众明白精神虐待确实存在并相当常见，而且是可以避免的。在这方面，媒体也可扮演传播相关资讯的重要角色，并发挥警告和呼吁的作用。

唯有人才能处理人际关系，并让它步上正轨。虐待行为是因为受到鼓励或姑息才会发生的。消除职场虐待行为，最重要的是企业雇主与高层管理人员在其影响范围内重新强调对人的尊重。

第十二章 心理上的主动应对

治疗过程

前面讨论过，精神虐待是悄悄发生的，经常令人难以察觉，所以防守不易。主动应对很少能够单独成事。在面临明显的虐待攻击时，借助心理治疗往往有其必要。当一个人的尊严被另一人的行为伤害，即构成心理攻击时，受虐者的错误在于未坚持要求得到尊重，也未及时领悟到对方已越过保护个人完整性的界线。他反倒像海绵般吸收了对自己人格的攻击。他必须确立自己能接受的限度，从而决定对策，以拥有自主性。

选择心理治疗

能够使受虐者化被动为主动的第一步，是选择心理治疗的方式。为确保勿再落入操控框架中，受虐者一定要查证治疗师的背景。如有疑虑，或许宁可选择精神科医生或心理治疗师，因为如今各式各样诱人的新疗法如雨后春笋般兴起，个个保证疗效迅速，其运作方式却更像是宗教。然而，所有严肃疗法系统的目标都是让病人回归自我。最简单的选择方式或许是请可信赖的朋友或医生推荐。受虐者不要迟疑，应该多访问几位治疗师，再从中选择自己最信任、觉得相谈最自在的。病人可以根据自己的印象与感觉来判断某位治疗师能不能帮助他。

出于善意的中立立场，某些治疗师可能会显得冷酷无情，对于自尊心已经受伤的病人而言，这种态度并不适当。精神分析学家桑多尔·费伦齐（SándorFerenczi）曾是弗洛伊德的信徒和朋友，却在创伤及分析技巧的议题上与他决裂。1932年，费伦齐写道："在分析时，他全身上下散发出那种对病人的冷酷克制、专业伪善，以及隐藏在这种态度后面对病人的反感，与他童年时让他感到痛苦的状态并无差别。"心理治疗师的沉默应和着施虐者的拒绝沟通，会对受虐者造成二度伤害。

诊治受虐者让我们能探究自己的专业知识与治疗的技巧，我们要与受虐者站在同一阵线，绝对不可摆出权威的姿态。我们必须学习跳出有框架的思考，不下任何定论，并勇于怀疑弗洛伊德的信条。大多数治疗受虐者的精神分析师，在发掘创伤真相的部分，已不再像信徒般追随弗洛伊德："在于受虐者身上使用的分析技巧，应针对心理与事件的真相重新定义。过去重视内在冲突、牺牲了客观事实的方式，导致精神分析师低估了关于真实创伤及其心理影响的研究。"

心理治疗师应保持弹性，并找出更积极、宽容、有激励作用的新方法来进行治疗。只要受虐者未能逃出施虐者的掌控，精神分析的标准治疗及随之而来的挫折感对受虐者来说就是无益的。受虐者只会再度落入不同形式的掌控。

说出虐待行为

治疗师要接受创伤是来自外在虐待的既成事实，这一点很重要。病人往往记不得过去受虐的关系，一是因为他只想通过遗忘来逃避，二是要他说出口的事情仍超乎他自己的想象，他需要时间和心理治疗的支持，才会逐渐有能力清楚地诉说。对于他说出口的事情，治疗师若不予采信，便等于加重暴力，治疗师的沉默将使他成为施虐者的帮凶。有些经历过虐待的病人说，他们曾试着对治疗师讲述受虐经过，治疗师却不想听，只表示对此案的内在心理层面而非实际经历的暴力过程更有兴趣。

陈述虐待行为的操控情形并不会使受虐者再度身临其境，反而可以让他走出否认与内疚。想要获得自由，就得抛开言词的模棱两可以及无法开口带来的重担。治疗师无论奉行哪些理论，一定要感到有充分的执业自由，才能把这份自由传达给受虐者，帮助他摆脱所受的精神掌控。

治疗（精神虐待或性虐待的）受虐者，不能不从背景环境着手。在治疗前期，治疗师必须先协助受虐者认清虐待行为的计谋，要避免任何神经官能症的联想，让病人自行诉说，然后帮助他辨识，哪些起因是他个人或是他的弱点，哪些可向外归咎于施虐者。为了认识以往关系的虐待本质，受虐者必须明了他遭受的支配当初是如何形成的。只要提供受虐者工具，让他看清虐待行为的计谋，他就不会再受到引诱而上当或是同情施虐者了。

治疗者也必须要求病人表达愤怒，那是他在施虐者的控制下无法感受到的，还要允许他说出并去感受过去压抑的情绪。病人要是找不到适当的字眼，务必要协助他用言语表达出心中所有的感受。

离开

因受虐而接受心理治疗时，受虐者首先要问的不是：“我怎么会落到这般田地？”而是：“我要怎么尽快离开，越快越好？”

前几个阶段的治疗应令人感到心安，使受虐者得以去除恐惧和内疚。他必须明确感觉到，治疗师会陪伴他走过这一切，并对他的遭遇及痛苦展现同理心。通过强化受虐者的心灵结构，稳固内心未受伤的部分，可以带给受虐者足够的自信，敢于抗拒会带来重大伤害的虐待行为。这个目标要在受虐者成熟到足以面对施虐者并说“不”时才算达成。

能将虐待行为说出口后，受虐者必须根据他从虐待行为中学到的经验教训重新思考过去发生的事。以往他对那些事的解读不正确，虽然记忆中储存了大量的事实，但它们在发生的当下却看不出有什么意义，这点令人想不通，是因为他不曾把它们联系在一起。如今用一种反常的逻辑，即虐待的思考方式来看，一切就很明朗了。受虐者必须勇敢地自问，某字眼或某状况当时有什么意义。受虐者过去常觉得，施虐者针对自己的言行很伤人，但因为想象不出自己价值观以外的任何标准，只好认错并屈服。

避免罪恶感

任何状况下，治疗都绝不可增加受虐者的罪恶感，使他感到必须为自己的受害负责。他虽然不必负责，却会一直因受虐自责。只要他在施虐者掌控下，就会充满怀疑和罪恶感：“我要怎么为这种虐待负责？”这会阻碍受虐者的进步，尤其像许多案例中常见的，施虐者会将受虐者说成精神失常，把“你疯了”挂在嘴边。受虐者必须求助并照顾自己，不是为了施虐者或他所说的话，而是为了自己。

美国心理治疗师大卫·斯皮尔格（David. Spiegel）将传统心理

治疗形式在治疗这类受虐者时必须做的改变总结如下：“传统心理治疗鼓励病人为自己的人生问题负更多的责任，然而在这些案例中，你必须帮助受虐者为其创伤负较少的责任。”摆脱罪恶感可以让受虐者减轻痛苦，唯有经过一段时间，等痛苦消逝，疗伤完毕，受虐者才能够回顾往日历史，试着去了解为什么会走进这种毁灭性的关系，为什么未能保护自己。人必须活着才回答得了这些问题。

仅着重内在心理的疗法，会鼓励受虐者沉浸在抑郁及内疚的状态中，过度检视受虐情况，使他更觉得自己应为两人间的这种关系负责。此种疗法的危险在于只在他个人历史中寻找过去的创伤，并认为那可以为他当下所受的苦提供直线因果关系的解释，换句话说，是那些创伤要为他的不快乐负责。然而某些精神分析师在施虐者前来接受治疗时，拒绝对其行为或作为做出任何道德判断，甚至在施虐者明显对他人有害时仍是如此；他们否认创伤对受虐者的影响之大，或是讽刺受虐者自己想不开，总是停留在受虐情境中。近来讨论创伤及其主观影响的精神分析师让我们看到他们是如何假借理论再次羞辱受虐者，还指责他受虐是咎由自取的。他们拿受虐狂与其相提并论，认为是受虐者主动寻求失败与痛苦，然后对自我的伤害负不起责任，是受虐者自己乐于扮演受虐者的角色。这些精神分析师还质疑受虐者的无辜，还主张受虐可为受虐者带来某种舒服的感受。

即使上述看法中有几点可以成立，但因为丝毫不尊重受虐者，其立论与施虐者的观点同样危险且折磨人。精神虐待构成创伤，创伤带来痛苦，这是毋庸置疑的。一如其他一切创伤症状，受虐者可能会执着于某一特定的苦楚而难以解脱。于是冲突占据并主宰了他的想法，尤其无人理会或了解他时，孤立无援会让情况恶化。要是把这种沉溺的症候群解释成受虐者乐在其中，只会如我们常见的那样造成创伤症状复发。必须先包扎好伤口，才能进行其他的治疗，受虐者也才能够重启思考过程。

有些治疗师在治疗时固然遵循了理论，从而保持超然的态度，却对受虐者缺乏同理心，更遑论表达善意，为对方的利益着想，遭到羞辱的人如何能向这种人诉说心中秘密呢？

接受痛苦

童年时期若曾受到精神虐待或隐藏暴力的影响，日后会出现一个问题；他似乎只能做出一种特定形式的反应，并给人一种仍紧抓着所受的苦不放的印象。精神分析师经常将此解释为受虐狂。“治疗过程好像是通过分析挖到受苦与遗弃的核心，仿佛那是病人最珍贵的宝物，无法抛开，少了它就等于放弃自己的人格。”与痛苦的联系，以及在受苦情境中与他人的联系，这两者是有关联的。只要是塑造我们身为人的联系或关系，若要放弃它，势必同时与相关的人分开；不与涉及虐待行为的人分开，就不可能抛开痛苦。没有人喜欢痛苦本身——除了受虐狂，但他们会喜欢最早让他们学会各种行为方式的整体环境。

太快让病人看清楚他的心理状态很危险，即便你知道他让自己落入遭控制的情境是由于那里有幼年时令他心安的元素。因为他童年时所受的伤害，施虐者凭直觉就能掌握他的弱点。我们仅须诱导病人看出不久前的受虐与早年的伤痛之间有什么关系。但是这必须在你确定病人已脱离施虐者的魔掌，并强壮到足以承担自己那一份责任、不会内疚到病态的地步，才能够收到不带来痛苦的效果。

非自愿且无意识的记忆会重演创伤。受虐者为逃避与暴力经历相关的切身之痛，会设法压抑情绪，但为了让人生重新开始，他必须了解这种痛苦不会马上消失，要学习去接受它。

同时他必须通过真正的哀伤，放下并接受自己的无能。这有助于他接受自己最深层的情绪与伤痛，并承认痛苦是自身值得尊重的一部分。唯有接受才能让受虐者不再痛苦和欺骗自己。

当受虐者找回信赖时，便可回忆受到的暴力以及自己的反应，重新检视受虐的情境及自己在其中的角色。他不再需要逃离自己的记忆，而能够以不同的新角度来接受它。

疗愈

疗愈指把支离破碎的自我再整合起来，使其恢复正常运作的能力。心理治疗应让受虐者领悟，不能重新回到被害的角色中。当他逐渐学会善用自己的力量，曾促使其遭受掌控的受虐狂因素会自行消退。法国哲学家保罗·利科（Paul Ricoeur）认为，疗愈要从记忆着手，再借着遗忘前进。他认为，是太多记忆造成了痛苦；忘不了曾经受过的羞辱固然令人苦恼，反之，忘记和逃避自己的过去也令人不痛苦。

我们必须使病人明白，痛苦是他身上值得尊敬的一部分，有此觉悟才得以重建未来。他必须勇于面对伤痛。

受虐者脱离被掌控的桎梏后，后续的进展将证明他们并非受虐狂，因为他们多半能从过去痛苦的经历中得到教训：学会保护自主权，远离言语暴力，拒绝让自尊受到任何践踏。这种病人本身不是“百分之百”的受虐狂，施虐者却得以利用他受虐狂倾向的重大弱点，对他施以操控。如果分析师告诉受虐者，他是因为喜欢而自讨苦吃，就等于一笔抹杀人际互动中的问题。人并不是孤立的心灵存在，而处在各种关系交织的网络中。

受虐者的创伤症状包括人格重组以及与外界关系的改变。它留下永久的印记，但是有可能以此为重建的基础。这份痛苦的经验往往是个人重生的机会：走出伤痛后你会变得更强壮，不再那么天真无邪，你下定决心，将来一定要受到尊重。曾被残酷对待的人，可以通过承认过去的无能获得新的力量面对未来。费伦齐说，极度的危机有可能突然唤醒潜能。受虐者的内在被施虐者掏空之处，会像磁铁般吸引能量："觉悟不会轻易来自一般痛苦，只能出于创伤之苦。由此产生次级现象或补偿因素，以弥补心理的瘫痪。"于是"精神虐待"一词取得了新的意义，成为对人生的一场考验。疗愈的意义就在于整合创伤成为生命中具建构功能的事件，并发掘出过去被压抑的对精神的认知与理解。

心理治疗的选择

要从众多各式各样心理治疗的方法中做出选择是很困难的。在法国，精神分析流派治疗当道，其他或许更适合受虐者的疗法则相形失色。原因在于，精神分析广泛而有效地将其主要观念与理论架构融入法国的文化中，并让它成为常识。

认知行为治疗

认知行为心理治疗的目标在于矫正病态症状和行为，但不会处理人格或其驱动因子。

第一步是针对压力层次进行治疗。让病人借着放松技巧，学习减轻身体紧张、焦虑及睡眠问题。若受虐者尚能保护自己，熟习这些技巧对处理虐待行为非常有用。譬如他可以从放松及呼吸练习中，学习控制发怒，减少压力对身体的影响。

另一种行为疗法是自我肯定的技巧。针对受虐者的行为疗法秉持以下原则：比起能够明白表达需求和拒绝的自信者，受虐者往往被动、没自信、不能肯定自我。我觉得这是经过充分简化的诠释，易使人相信受虐者有习惯性被动和信心不足的问题。前面说过，虽然受虐者通常谨慎认真，有成就目标过高的倾向，可是在虐待情况之外，他们并没有自我肯定的问题，过分简化的自我肯定技巧解决不了令施虐者能够得逞的许多复杂因素。不过受虐者可以运用这类技巧识破操控，认清与施虐者没有沟通的余地，并不对自己的理想沟通模式抱太高的期望。

行为疗法有时会结合认知疗法，教导病人如何切断与创伤有关的思绪或反复出现的影像，也可指导病人处理眼前问题的技巧，对受虐者而言，便是学习如何反制操控。

认知重建的方法似乎更有效果，值得注意。受虐者不是抑郁症患者，可是如前面提到的，其个性中有易于忧郁的气质，比如他会相信：“我犯了错，所以我是个没有价值的人。”施虐者能够成功地凌驾于他之上，正是利用了他信守的基本原则：为人奉献、认真工作及诚实无欺。治疗师可以帮助病人减轻面对创伤的罪恶感，认清与忍受记忆带来的极度痛苦，承认自己过去的无能，让他得以走出创伤。

催眠

弗洛伊德过去曾经使用催眠和暗示的方法，后因觉得有诱导和控制之嫌而放弃。近年来，催眠法重现江湖，尤其是在“艾瑞克森运动”中。美国精神科医生、心理治疗师，有现代催眠教父之称的米尔顿·艾瑞克森（Milton H. Erickson）虽从未写下他实际的做法，但已被归为“非正统”治疗师。他所用的催眠及其他转化策略会考虑病人所处的环境，这使他对系统式家庭疗法的发展有相当大的影响力。

利用催眠的技巧十分依靠解离的能力，许多创伤受虐者在这方面都有过人之处。法国精神分析及催眠学家弗朗斯瓦·鲁斯唐（Franois Roustang）主张，催眠造成的解离与创伤引起的解离类似：把能承受与不能承受的分开，将不能承受的部分遗忘。这类方法的目的在于协助受虐者建立新观点，以减少与创伤有关的痛苦。这并非唤醒对心理冲突的认知，而是一种能够让病人运用自身资源的技巧。催眠越深，病人的主体性和资源就越清晰，他会发现自己能拥有从未想象过的潜能。

选择催眠法可能有点矛盾。催眠时为切割创伤症状，病人必须经过“混淆”的阶段，而混淆正是虐待式掌控得以趁虚而入的关键。治疗师必须运用催眠时的混淆协助病人去除失败倾向并加以改变（施虐者过去能强加其意志和思考方式即是因为利用了这个倾向），好让病人重建自己的世界。治疗师若选定以催眠为疗法，那便是非常关键的选择；他必须极为小心谨慎，还要具备丰富的临床经验。此外，病人也必须提防，对任何会引起创伤记忆却不考虑病人整体情况的疗法都要高度怀疑。

系统式心理治疗

系统式家庭治疗的重点不在于个人症状的改善，而在于家庭成员的沟通与个性化。接受夫妻治疗的是一对伴侣，不是其中的某一人；家庭治疗则给予每个成员同等的关注。为分析互动过程，治疗师应放弃任何“施虐者”或“受虐者”的标签。

对系统式治疗师而言，“受虐者学”可能像退回了直线诠释。但是在治疗初期认同每个人的个性时，不能不考虑强化作用互相交替的过程。且看以下的例子：过分殷勤者可能加重伴侣的依赖倾向，伴侣却觉得受不了，于是伴侣的回应变成抗拒与挑衅。不明所以的这一方觉得自己有责任，反而更加热心，这又使伴侣的排斥增强。我们唯有假设其中一人是自恋的施虐者，另一人有责怪自己的倾向，以上系统式的解释才说得通。

系统式的假说，如家庭的“体内平衡”概念（不计代价维持平衡）或“双重束缚”概念（阻断沟通以瘫痪思考过程），可以帮助我们了解凌驾或控制是如何加剧的。不过在临床层次上，严格的系统式推论并不区分施虐方与受虐方，仅承认病态的关系，这样有可能无法充分保护受虐者。

在虐待状况尚未完全消解时，分析循环过程很有用：它可以把个人的行为方式与其他家人的行为方式联系起来。然而当虐待行为从掌控阶段进入明目张胆的折磨时，虐待过程便有了自己的生命，单靠关系双方的理性和改变意愿，已经不能中断这个过程了。

明确认定虐待行为隐含指控及谴责的道德意味，因此许多治疗师宁可不这么做。他们偏向于抽象地讨论虐待关系，而不去指明施虐者和受虐者，结果留下受虐者独自面对自己的罪恶感，无从摆脱致命的虐待过程。

无论如何，自恋的施虐者极不可能同意接受家庭或夫妻治疗，因为他完全不会怀疑自己。勇于接受治疗的人可以依靠有抵御虐待行为的机制，就不会沦为真正的施虐者。当依判决进行心理治疗时，施虐者往往会操控调解人，设法突显伴侣有多坏。所以治疗师或调解人要对这种策略保持警觉，这是非常重要的。

精神分析

对于因虐待暴力及其侮辱而处于休克状态的受虐者，精神分析的标准疗法不见得适合。精神分析着重“内在心理”，不会认真考虑与他人的关系诱发的病态。这种疗法旨在分析被压抑的童年本能冲突。弗洛伊德为控制移情作用，刻意定下严格的就诊规范（定期频繁的约诊，病人躺在长沙发上，看不见分析师），这可能造成难以承受的挫折感，因为病人被故意刁难，无法进行沟通，也可能导致他把精神分析师与施虐者混为一谈，因而终止不了依赖状态。

唯有心理足够健全的受虐者才可以接受精神分析，通过回忆及检视自己婴幼儿时期有何遭遇来解释他对施虐者过度容忍的态度。精神分析也可以帮助受虐者摆脱自己身上令施虐者咬紧不放的弱点或过错。

精神分析旨在改变基本的心理结构，而其他心理治疗则是改善症状并强化防御能力，这些也可能带来深层的心理变化。不管是哪种疗法，初期的疗愈阶段对受虐者很重要，他必须先与最近的受虐经历脱钩，才能去碰触童年的伤口。

病人单靠精神分析是无法痊愈的。没有一种疗法具有奇迹般的效果，能够让病人不必费力便完成改变。治疗框架的重要性比不上病人对疗法的信任以及治疗师的认真投入。治疗师应对其他疗法抱持更开放的态度，不要局限于一种特定的思考方式，这种态度是必要的。当前已有迹象显示，越来越多年轻的精神科医生和临床心理师，会特别留意不同的理论，而各派别的治疗师也开始沟通与切磋。谁敢说未来各种疗法之间不会搭起桥梁，甚至出现精神医疗的整合呢?

结语 重建尊重

我们从以上章节中学习到虐待行为在某些环境里是如何发生的。不过我们也看得出来，这份清单并不完整，虐待并不只会发生于婚姻、家庭和企业组织里。凡是在有竞争的团体中虐待都在所难免，如各级学校。在破坏他人的积极形象时，人类的想象力是没有止境的。我们借着打击他人，设法掩饰自己天生的弱点，并取得优势地位。说到权力，社会的每一分子都不可能置身事外。历史上从来不缺精于算计的无耻弄权者，为达目的不择手段，然而家庭和企业组织内的虐待行为猖獗，体现了占据社会主流思想的个人主义。在强势狡诈者当道的体系里，施虐者就是王。当成功变成主要价值，诚实就显得不足为训，虐待反而是可取的。

西方社会在容忍的面具下，已逐渐放弃对行为的约束和禁止。然而像受虐者那样，太轻易接受不对或有害的事物，社会的核心就会出现滥用权力的行为。无数企业负责人及政治人物是年轻人的效仿对象，但他们在必须除去对手或巩固权力的时刻并不特别在意道德。有人滥用特权、利用心理压力或所谓的国家安全理由、军事上的保密义务，遂行一己之私。有人则靠钻社会福利领域的漏洞、动手脚或利用诈骗手法致富，于是贪腐盛行。一般来说，一个团体、企业组织或政府机关中只要出现几个施虐者，就足以使整个体系具有虐待性质。这种虐待行为若不予以谴责，便会通过威吓、恐惧和操控而暗中传播。只要以心理手段掌握某人，控制他去说谎或违背自己的原则，此人即成为虐待过程的共犯这是黑手党及大多数极权政权的基本运作法则。不论是在家庭、企业组织还是政府里，自恋的施虐者会设计让别人为自己引起的灾难负责，好让自己以救星的姿态出现，从而坐上权力的高位，假如他不顾廉耻，就能稳如泰山。历史上不乏拒绝认错、不负责任、说谎及操控事实与掩盖劣迹之徒。

除了精神虐待这个单一问题之外，我们必须自问几个具有普遍性的问题。如何重建人与人之间的尊重？容忍的限度应该在哪里？如果个体制止不了虐待行为的破坏过程，社会就必须靠立法来干预。最近在法国提出了针对中小学与大学校园中欺凌新生现象的法律草案，这类行为将被认定为轻度犯罪，以约束教育机构内的贬损或侮辱行为。倘若我们不希望人与人的关系完全受法律管制，就必须让孩子认识精神虐待并教育他们，防止这种冷暴力的行为继续肆虐。

出版后记

日常生活中的精神虐待是个非常普遍但不易被发觉的现象。在伊里戈扬于 1998 年提出这一概念以前，人们可能有模糊的感受，但没有清晰的认知，更不用提明确圈定其含义。在这样的情况下，受虐者只会感到痛苦和迷茫，旁观者看不出暗流汹涌，施虐者无论是否对自己的行为有意识，都会从中获得操控的快感，这样的情形一再重演，在主流视线之外静悄悄地毁掉了许多人的正常生活。

伊里戈扬根据其在心理治疗实践中获得的丰富经验，对这类现象进行了定义和阐释。她在本书中详细列举了婚姻家庭和职场中的精神虐待行为，用实际案例做了说明。精神虐待是一种冷暴力，不同于身体虐待，这种行为可以伤人于无形，不留痕迹，难以界定，但会给受虐者的心灵造成极大的摧残。很多时候，施虐者会在表面上示弱，故意让其他人认为这种施虐与受虐关系是双方你情我愿，甚至是受虐者自作自受，有时连受虐者自己都会被这种暗示洗脑。精神虐待的危险性就在于此，如果缺乏对这类现象的认识，受虐者经常意识不到自己受到了伤害，陷在这样的恶性循环中无法脱身。

本书的意义也正在于它对这种现象做了全面、充分的解读，并提出了应对方法。伊里戈扬唤起了人们对精神虐待的关注，这个名词已经进入英美和日本社会，成为网络上和日常生活中经常被问起的话题。

服务热线：133-6631-2326　188-1142-1266

服务信箱：reader@hinabook.com

后浪出版公司

2017 年 4 月

图书在版编目（CIP）数据

冷暴力 /（法）玛丽 - 弗朗斯 · 伊里戈扬著；顾淑馨译 . — 南昌：江西人民出版社，2017.7（2020.3 重印）

ISBN 978-7-210-09088-5

Ⅰ . ①冷… Ⅱ . ①玛… ②顾… Ⅲ . ①家庭问题 - 研究 Ⅳ . ① C913.11

中国版本图书馆 CIP 数据核字 (2017) 第 020457 号

冷暴力

著：[法] 玛丽 - 弗朗斯 · 伊里戈扬　译者：顾淑馨　责任编辑：王华　钱浩
出版发行：江西人民出版社　印刷：环球东方（北京）印务有限公司
690 毫米 ×960 毫米　1/16　12 印张　字数 120 千字
2017 年 7 月第 1 版　2020 年 3 月第 7 次印刷
ISBN 978-7-210-09088-5
定价：38.00 元
赣版权登字 -01-2017-13